Alles Wurst !

Die besten Sorten – selbst gemacht

KRISTOFER FRANZÉN

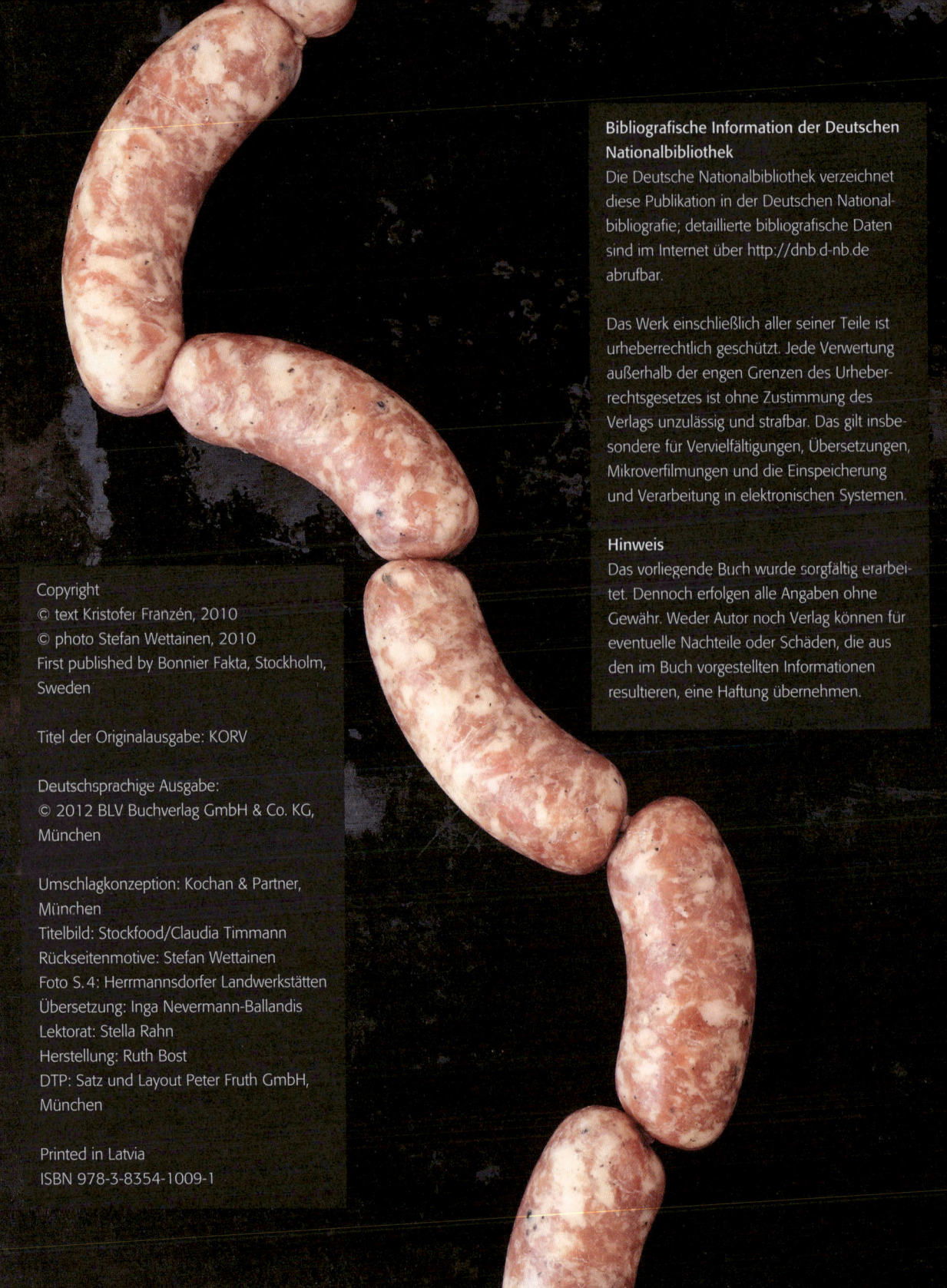

Bibliografische Information der Deutschen Nationalbibliothek
Die Deutsche Nationalbibliothek verzeichnet diese Publikation in der Deutschen National-bibliografie; detaillierte bibliografische Daten sind im Internet über http://dnb.d-nb.de abrufbar.

Hinweis

Das vorliegende Buch wurde sorgfältig erarbei-tet. Dennoch erfolgen alle Angaben ohne Gewähr. Weder Autor noch Verlag können für eventuelle Nachteile oder Schäden, die aus den im Buch vorgestellten Informationen resultieren, eine Haftung übernehmen.

Copyright
© text Kristofer Franzén, 2010
© photo Stefan Wettainen, 2010
First published by Bonnier Fakta, Stockholm, Sweden

Titel der Originalausgabe: KORV

Deutschsprachige Ausgabe:
© 2012 BLV Buchverlag GmbH & Co. KG, München

Umschlagkonzeption: Kochan & Partner, München
Titelbild: Stockfood/Claudia Timmann
Rückseitenmotive: Stefan Wettainen
Foto S. 4: Herrmannsdorfer Landwerkstätten
Übersetzung: Inga Nevermann-Ballandis
Lektorat: Stella Rahn
Herstellung: Ruth Bost
DTP: Satz und Layout Peter Fruth GmbH, München

Printed in Latvia
ISBN 978-3-8354-1009-1

Inhalt

Jürgen Körber, Leiter der Metzgerei der Herrmannsdorfer
Landwerkstätten und Lehrmeister von Kristofer Franzén.

Vorwort

Mein Urgroßvater Konrad Franzén war Fleischer in Målilla, Småland. Kurz bevor er in den 1970er-Jahren starb, lernte ich ihn kennen, viel später erst begann ich darüber nachzudenken, was sein Beruf eigentlich bedeutete.

So wenig verbindet meinen Urgroßvater und mich, dessen Interesse an der Wurstmacherei hundert Jahre später erwachte. Und doch verknüpft sich die Familiengeschichte über Generationen hinweg mit der einfachen Frage, was Wurst zu einem Geschmackserlebnis macht. Ich kann heute eine Wurst herstellen, die ungefähr so schmeckt wie die, mit der Konrad seine Signe bewirtete. Aber die *Femmarkerkorv*, für die mein Urgroßvater gerühmt wurde und an die sich seine Gehilfin und seine 93-jährige Tochter noch heute erinnern, kann ich in keinem Geschäft kaufen.

Wurst ist Erinnerung und Geschichte und bewahrte Esskultur. In traditionellen Rezepten finden wir Vorlieben für bestimmte Gewürze aus früheren Zeiten überliefert; die modernen Industriewürste sind nur billige Kopien. Wann haben wir zugelassen, dass Wurstwaren derart verkommen, dass aus minderwertigen Rohstoffen hergestellter Schund mit unnötigen Zusätzen versetzt wird und nach berühmten Würsten benannt werden darf?

Wir hegen eine widersprüchliche Liebe zur Wurst. Wir sind davon überzeugt, dass sie aus schlechten Rohstoffen gemacht wird, aber unsere Macht als Konsumenten reicht nicht aus, die Prioritäten der Lebensmittelindustrie zu verändern. Machen wir also unsere Wurst selbst! Dann wird die Liebe zur Wurst schnell honoriert, denn der Geschmack steht im direkten Verhältnis zur Hingabe, mit der sie hergestellt wird. So wird aus dem undefinierbaren Wurstgeschmack des Alltags überraschend eine komplexe Kombination exotischer Aromen. Und wenn man selbst die Verantwortung für den Inhalt übernimmt, weicht die Sorge um das unbekannte Innenleben der Wurst der Lust auf die Wahrnehmung neuer Qualitäten.

Die schwedische Wursttradition halte ich zwar einerseits für recht armselig – allzu viele Würste unterscheiden sich kaum in Konsistenz und Aroma –, doch andererseits gibt es auch Spitzenprodukte, die in internationaler Konkurrenz bestehen. *Isterband* ist zum Beispiel in vielerlei Hinsicht einzigartig. Wenn auch weit entfernt von der Vielfalt und Qualität deutscher Fleischereiprodukte, so entwickeln sich doch auch bei uns immer mehr kleine handwerkliche Betriebe, die einmalige Würste anbieten.

Für jede Wurst in diesem Buch gibt es ein Rezept, nach dem für eine allgemein gebräuchliche Portion sämtliche Zutaten in Gramm abgewogen werden können. Allerdings stehen nicht immer exakt diese Mengen zur Verfügung, daher habe ich auch Referenzrezepte aufgestellt, die alle Zutaten jeweils pro Kilo Wurstmasse ausweisen. Das ist sehr nützlich, wenn man feststellt, dass der frisch eingekaufte Schweinenacken zu viel Knochen hat, um pariert noch das eingeplante Gewicht zu haben. Ich schlage auch Beilagen zu den Würsten vor und beschreibe ihre Zubereitung, falls nicht anders angegeben, für vier Personen.

Wurst zu machen ist etwas aufwendig, aber nicht schwer. Es gelingt am besten, wenn man gut vorbereitet ist und sehr genau arbeitet. Ich wünsche mir, dass dieses Buch als Handbuch der Wurstherstellung dienen kann, sodass jeder die Wurst seiner Träume machen kann, daheim in der eigenen Küche.

Kristofer Franzén

Herrmannsdorfer ist ein Unternehmen, das ökologische Landwirtschaft und »Lebens-Mittel«-Produktion betreibt. Dort leite ich seit fast 20 Jahren die Metzgerei und habe mich dem Wurstmachen ohne unnötige Zusatzstoffe, so natürlich wie möglich, verschrieben. Tierwohl und Qualität stehen an erster Stelle. Leider sind unsere »Lebens-Mittel«-herstellenden Handwerke vom Aussterben bedroht. Die Industrie hat Landwirtschaft und Produktion übernommen, immer schneller und billiger anstelle von Vielfalt, Qualität und Regionalität.

Durch eine Studienreise einer schwedischen Organisation namens *Eldrimner* im Jahr 1999, die sich handwerklich hergestellte Lebensmittel auf die Fahne schreibt, um so einen Ausweg aus dem agroindustriellen System zu finden, kam der Kontakt nach Norden zustande. Für mich war die Motivation mitzuhelfen, neues (altes) Handwerk entstehen zu lassen in Ländern, in denen Handwerk und Tradition von Lebensmittelherstellung ausgestorben scheinen. Eine große Freude sind auch die Kursteilnehmer, oft Landwirte, öfter aber deren Frauen, Köche, Aussteiger aus vielen Bereichen, die das Zurück zur Basis suchen.

Kristofer Franzén war ein solcher Quereinsteiger, der alle Kurse von mir belegt hatte. Er fiel auf durch seine kritischen Fragen und sein akribisches Notieren. Mittlerweile hat er mich auch schon in Herrmannsdorf besucht und seinen ersten Eber nach meinem Namen benannt. Ich habe großen Respekt vor Menschen wie Kristofer, die einen gut bezahlten Job aufgeben und ihr Leben aus Überzeugung komplett umkrempeln.

Jürgen Körber

Die Rohstoffe

»Für Wurst darf man von Rind und Schwein nur Fleisch von bester Qualität verwenden, samt aller anderen guten und frischen Zutaten.« (Weintz, 1871)

Unser Verhältnis zur Wurst ist paradox: Wir glauben zum Beispiel, dass Wurst aus jenen Teilen des Tieres gemacht werde, die zu nichts anderem taugen. Kein schöner Gedanke. Gleichzeitig gilt es als zeitgemäß, das ganze Tier vom Rüssel bis zum Ringelschwänzchen zu verwerten, das wird hoch geschätzt. Und während wir davon überzeugt sind, dass die Lebensmittelindustrie zweitklassige Rohstoffe zu Wurst verarbeitet, kaufen wir doch unablässig billige, industriell hergestellte Wurst.

Das Misstrauen gegenüber dem Fleischer ist vermutlich so alt wie die Wurst selbst. Und obwohl alle Fleischerhandbücher, die ich gelesen habe, wie das oben zitierte die Wichtigkeit guter Rohstoffe bei der Wurstherstellung betonen, spricht schon Charles Emil Hagdahl (1896) von den Vorzügen selbst gemachter Wurst, von der man wisse, was sie beinhaltet: »Ganz anders verhält es sich mit der Wurst, die man in größeren Städten fertig auf dem Markt oder in den Geschäften kaufen kann, welche gewöhnlich über die Maßen stark gewürzt ist und in empfindlichen Mägen plagenden Durst hervorruft, mitunter mit noch schlimmeren Unannehmlichkeiten im Schlepptau. Man fühlt sich veranlasst zu unterstellen, dass man durch kräftiges Würzen zu verbergen sucht, was des Verborgenwerdens nicht bedürfen sollte (...).«

Wenn man früher schlachtete, wollte man selbstverständlich alle essbaren Teile des Tiers verwerten. Größere Fleischstücke wurden durch Einsalzen, Trocknen oder Räuchern konserviert, während man mit Parüren (Sehnen, Fleisch-, Fett- und Hautreste), Innereien und Blut nicht viel mehr machen konnte, als sie pfiffig in die tiereigenen Behältnisse zu füllen – Därme, Mägen und Blasen. Anschließend ließen sich die Würste ebenfalls durch Salz, Trocknen oder Rauch konservieren.

Wer heute eigene Wurst herstellt, kann selbst wählen, welche Teile des Tiers er verwenden will. Ich empfinde es z. B. nicht als Vergeudung, für eine gute hausgemachte Wurst einen Schweinerücken zu verwenden, den man auch im Ganzen braten könnte. Ich halte Braten nicht für etwas Feineres als Wurst. Es geht vielmehr darum, welche Fleischqualität man zu einem akzeptablen Preis bekommen kann. Ich selbst kaufe lieber ein einfacheres Stück von einem Tier aus der Region, das ein gutes Leben mit gutem Futter hatte, als ein teures schieres Stück (ohne Knochen, Fett und Sehnen) aus einer Fleischfabrik. Einen Schulterbraten auszubeinen ist anfangs etwas knifflig, er eignet sich aber hervorragend für Wurst und ist relativ günstig. Geschmack und Qualität von Fleisch sind deutlich besser, wenn es von einem stressfrei geschlachteten Freilandschwein stammt.

Tiere sollten ein annehmbares Leben mit gutem Futter in anregender Umgebung leben und schließlich ohne Stress sterben dürfen – das ist nicht nur eine moralische Frage. Durch eine ethisch vertretbare Aufzucht und Schlachtung von Tieren erzeugt man Fleisch, das schmackhafter ist und auch sonst bessere Eigenschaften für die Fleischerei mitbringt.

Glücklicherweise wächst das Bewusstsein für die Auswirkungen der Lebensmittelproduktion auf die Umwelt. Wir müssen versuchen, den Fleischkonsum zu drosseln, und wir müssen mehr regionale Produkte kaufen, die umwelt- und klimaschonend hergestellt wurden. Doch in der Debatte um die Klimaschädlichkeit der Fleischproduktion muss auch zwischen den verschiedenen Tierarten und Aufzuchtmethoden differenziert werden: Da Schweine nicht wiederkäuen, ist die Klimawirkung von Schweinefleisch tatsächlich geringer pro Kilo als die von dänischen Bio-Gewächshaustomaten.

Zögern Sie nicht, eigene Wurst aus Fleisch von unterschiedlichen Tieren zu entwickeln, aber denken Sie bei der Verwendung von fettarmem Fleisch daran, ggf. Schweinespeck zuzusetzen, damit die Wurst nicht zu trocken wird.

FLEISCHGEHALT

Die Qualität einer Wurst nach ihrem Fleischgehalt zu beurteilen kann in die Irre führen: Laut geltender EU-Gesetze darf Fleisch von Säugetieren in Zutatenverzeichnissen als solches bezeichnet werden, wenn es aus der Skelettmuskulatur stammt und an Bindegewebe und Fett jeweils max. 25 % enthält (bei Schweinefleisch 30 % Fett).

Bindegewebe sind verschiedene Gewebetypen im Tierkörper, z. B. Sehnen und Häute, die in erster Linie verbindende und stützende Funktion haben. Sie sind oft reich an Kollagen, einem Protein mit großem Wasserbindungsvermögen, und auf dem Kollagengehalt basiert die gesetzliche Regelung des Bindegewebsanteils im Fleisch. Vor diesem Hintergrund müssen wir einsehen, dass eine Wurst mit hohem Fleischgehalt nicht notwendigerweise beinhaltet, was der Konsument erwartet. So kann sich eine Wurst vom Schwein mit 80 % Fleischgehalt aus 36 % reinem Muskelfleisch (dem, was Verbraucher gewöhnlich unter Fleisch verstehen), 24 % reinem Fett, 20 % Sehnen sowie 20 % Wasser zusammensetzen.

Ich habe kein Problem mit Fett, es ist ein guter Geschmacksträger. Wenn es aber um Bindegewebe geht, dann will ich selbst entscheiden, wie viel davon in die Wurst kommt. Eine Wurst mit geringem Fleischgehalt muss ja gar nicht schlecht sein – es kommt darauf an, woraus der Rest besteht. Ein besonders hoher Fleischgehalt ist der Konsistenz gar nicht immer zuträglich. Wer sicher sein will, was in die Wurst kommt (und den Metzger nicht kennt), muss angesichts der aktuellen Lage selbst wursten.

SCHWEIN

Von allen Fleischsorten wird Schwein am meisten gegessen – in Schweden ca. 35 kg pro Person im Jahr. Für Metzger ist es der König aller Tiere, und Schweinefleisch ist Hauptzutat im überwiegenden Teil der Wurstrezepte in diesem Buch. Der wunderbare Geschmack von Schweinefleisch lässt sich in schlichter Bratwurst allein mit ein wenig Salz und Pfeffer hervorheben, es ist wichtigster Bestandteil in den meisten südeuropäischen Rohwürsten, und kerniger Rückenspeck vom Schwein wird auch da verarbeitet, wo andere Tierarten die Hauptrolle spielen.

Geschmacklich besteht ein großer Unterschied zwischen billigem Schweinefleisch aus Massenhaltung und solchem aus lokaler Schlachtung von Weidetieren. Glauben Sie mir, es ist seinen Preis wert! Fragen Sie Ihren Händler, woher das Fleisch stammt. Zeigen Sie Ihre Unzufriedenheit, wenn er kein Bio-Fleisch anbieten kann.

RIND

25 kg Rind essen Schweden pro Person und Jahr. Wurst kann man aus jedem beliebigen Teil des Rinds machen. Ich bevorzuge Teile des Vorderviertels wie Hochrippe und Beinscheibe: Sie sind günstig im Preis und intensiv im Geschmack. Mit etwas Glück bekommen Sie Weidefleisch aus lokaler Produktion, von Tieren, die mit Gras, Heu und Silage statt mit Kraftfutter gefüttert wurden. Solches

Fleisch ist schmackhafter und bekömmlicher und hat eine geringere Klimawirkung als konventionelles Rindfleisch.

LAMM

Es gibt zwar nur ein Rezept mit Lammfleisch im Buch (Merguez, s. S. 44), aber das heißt nicht, dass es sich nicht ausgezeichnet für Wurst eignen würde, besonders in Kombination mit anderen Fleischsorten. Es lohnt sich, beim Wursten mit den Fleischsorten zu experimentieren: Kürzlich machte ich auf diese Weise Schweine-Merguez und Lamm-Salsiccia, beide sehr lecker. Um die Wurst fetter zu machen, ziehe ich allerdings Schweinespeck vor, da Lammfett einen recht intensiven Eigengeschmack hat. Aber das ist Geschmackssache.

Wenn Sie im Herbst frisches Lammfleisch kaufen, unterstützen Sie jene Produzenten, die ihre Schafe während des gesamten Sommers auf der Weide halten, statt die Lämmer über Winter im Stall mit Kraftfutter aufzuziehen.

WILD

Wildschwein, Elch, Reh, Dam- und Rotwild eignen sich gut für die Herstellung von Wurst. Bei Hirschfleisch gleicht man den geringen Fettgehalt ggf. mit Speck aus. Wenn Sie statt der Fleischsorten in meinen Rezepten anderes Wild verwenden, können Sie der Jagdgemeinschaft bald eine Fülle von Rezepten vermachen. Beispiele für Bratwurst aus Wild finden Sie auf den Seiten 50 und 53.

EINKAUF

Werden Sie ein bewusster und informierter Verbraucher und Stammkunde beim Schlachter Ihres Vertrauens: Stellen Sie Fragen und Ansprüche, bitten Sie um Rat und bestellen Sie rechtzeitig, was nicht alltäglich angeboten wird – bald werden Sie nicht nur bessere Preise und bessere Qualität erhalten, sondern auch die nötige Hilfe, alles zu bekommen, was Sie brauchen.

LAGERUNG

Bewahren Sie Fleisch grundsätzlich kalt auf. Reservieren Sie dafür die kälteste Stelle im Kühlschrank (+ 4 °C oder kälter sind perfekt) oder frieren Sie das Fleisch sofort ein. Für das Wurstmachen eignet sich gefrorenes Fleisch ausgezeichnet. Beachten Sie, dass Fleisch schnell eingefroren, aber nur langsam im Kühlschrank aufgetaut werden soll.

SO FRISCH WIE MÖGLICH

Frische ist ein wichtiges Qualitätsmerkmal, denn wer Wurst macht, kämpft unablässig gegen unerwünschte Bakterien. Dass die Besiedelung der Rohware durch Bakterien vom Moment der Schlachtung an stetig ansteigt, lässt sich nicht verhindern.

Besonders bei der Herstellung von luftgetrockneten Würsten ist es wichtig, dass die Bakterienbelastung stets niedrig gehalten wird – schließlich handelt sich um rohes Fleisch, das zum Trocknen aufgehängt wird, noch dazu meist bei einer Temperatur, in der Bakterien gut gedeihen. Umso wichtiger, dass schon zu Beginn des Herstellungsprozesses so wenig Bakterien wie möglich vorhanden sind.

DÄRME

Zwar wird selbst Brät ohne Hülle als Wurst bezeichnet, doch liegt etwas Geniales in der Erfindung, die Schlachtreste in einem Behältnis mit perfekten Eigenschaften zu verpacken, das vom Tier selbst stammt.

Darm, im Fall von Schafsdarm wird auch von Saitling gesprochen, können Sie entweder über Ihren Schlachter oder über das Internet bestellen. In Schweden wird er vor Weihnachten in vielen gewöhnlichen Lebensmittelläden angeboten. Häufig sind die Därme trockengesalzen (in reichlich Salz gebettet), manchmal sind sie auch eingefroren, dann haben sie eine nahezu unbegrenzte Haltbarkeit.

Weichen Sie die Därme mindestens zwei Stunden vor der Verarbeitung in einer Schale mit lauwarmem Wasser ein. Halten Sie das Ende des Darms mit den Fingern auf und lassen Sie Wasser hineinlaufen, indem Sie die Öffnung mehrere Male über die Wasseroberfläche ziehen. Dann heben Sie den Darm so an, dass das Wasser durch den ganzen Darm laufen kann, oder lassen Sie Wasser aus dem Hahn hindurchfließen. Legen Sie das Darmende über die Schüsselkante, damit Sie später nicht danach suchen müs-

sen: Därme sind herrlich glitschig – und schrecklich, wenn sie sich verheddern! Saubere Darmreste können in reichlich grobes Salz gelegt und eingefroren werden, dann halten sie sich bis zu einem Jahr.

Bratdarm. Der Schweinedünndarm (mitunter auch Schweinesaitling) mit einem Durchmesser von 28–30 mm oder 30–32 mm gehört zu den meistverwendeten Därmen. Berechnen Sie mindestens 2 m Darm pro Kilo Wurstmasse und etwas mehr für den Fall, dass ein Stück reißt.

Lammsaitling. Dieser Schafsdarm hat oft einen Durchmesser von 20–22 mm oder 18–20 mm. Er verheddert sich furchtbar leicht, und es entsteht unausweichlich ein einziger Ball aus lauter Knoten, wenn Sie Leitungswasser auf einen Lammsaitling laufen lassen. Legen Sie ihn stattdessen vorsichtig in eine bereits mit Wasser gefüllte Schale. In den Rezepten habe ich mit 4–4,5 m Saitling pro Kilo Wurstmasse großzügig gerechnet.

Buttdarm. Für sehr dicke Salami eignet sich Blinddarm (Butte) von Rind oder Schwein (95–115 bzw. 70–85 mm Ø), er ist aber nicht immer ohne Weiteres zu bekommen – denken Sie daran, rechtzeitig zu bestellen.

Kranzdarm. Der gewundene Rinderdünndarm mit 40–53 mm Weite fasst ca. 1 kg Wurstmasse pro Meter.

Mitteldarm. Dieser 50–55 mm weite Teil des Rinderdickdarms ist für dicke Brühwurst wie Falukorv gut geeignet. Man rechnet 0,75–1 m Darm pro Kilo Wurstmasse.

Kunstdärme. Wursthüllen aus Kunststoffen oder aus natürlichem Kollagen gibt es in allen denkbaren Größen. Allerdings sehe ich keinen Grund, sie anstelle von Naturdärmen zu verarbeiten.

GEWÜRZE

Viele der Gewürze, die beim Wursten zum Einsatz kommen, werden bei der täglichen Essenszubereitung nur selten verwendet. So assoziieren wir mit gewissen Kombinationen von weißem Pfeffer, Korianderkörnern, Ingwer und Mazis (Muskatblüte) unmittelbar Wurstgeschmack. Andere, ebenfalls klassische Zutaten überraschen und sind unerwartet vorteilhaft, wie etwa Zitronenschale.

Verarbeiten Sie ausschließlich getrocknete Gewürze, damit keine Bodenbakterien in die Wurst eingebracht werden. Insbesondere luftgetrocknete Rohwurst darf niemals frische Gewürze enthalten. Ich selbst verwende sie in Brat- und Brühwurst – wenn ich allein für meine eigene Gesundheit Verantwortung trage.

Häufig wird empfohlen, eine Probe des fertigen Bräts anzubraten, um gegebenenfalls nachwürzen zu können. Ich finde es besser, von einem erprobten Rezept auszugehen und über Veränderungen genau Buch zu führen, um beim nächsten Mal nachzubessern. Wenn man einfach hier und da mit einer Prise Salz oder Pfeffer abschmeckt, gelingt einem die Rezeptur garantiert niemals wieder. Das mag einen gewissen Charme haben, doch mir selbst liegt es nicht so sehr, weil ich einen Erfolg viel lieber noch einmal wiederholen möchte.

Wenn man improvisiert oder ein völlig neues Rezept kreieren will, ist es hilfreich, zunächst von den gewöhnlichen Mengenverhältnissen der Zutaten auszugehen. Die Angaben in der Tabelle rechts können als Ausgangspunkt dienen.

GEWÜRZE RÖSTEN

Ganze Saatkörner – wie Pfeffer, Koriander, Senf, Fenchel, Echter Kümmel und Kreuzkümmel – gewinnen oft an Geschmack, wenn man sie vor dem Mahlen röstet: unter häufigem Wenden bei schwacher Hitze in einer trockenen Pfanne oder im Ofen bei 125–150 °C für 10–15 Minuten.

WURSTGEWÜRZE

Einige der gängigen trockenen Wurstgewürze und ihre üblicherweise auf 1 kg Grundmasse gerechnete Menge:

Chili	0,5–1,5 g
Fenchelsaat	2 g
Ingwer	0,5–2 g
Kardamom	0,3–2 g
Knoblauch, frisch	1,8–5 g
Knoblauchpulver	0,4–1,5 g
Korianderkörner	0,8–2 g
Kümmel	0,6–1,2 g
Majoran	1–3 g
Mazis (Muskatblüte)	1–1,5 g
Muskatnuss	1 g
Nelken	0,3–1,5 g
Oregano	0,5–1 g
Paprika	0,6–4 g
Piment	0,2–1,5 g
Rosmarin	0,4 g
Schwarzer Pfeffer	1,5–3 g
Senfkörner	2 g
Thymian	0,5–1 g
Wacholderbeeren	2 g
Weißer Pfeffer	1–3 g
Zimt	2 g

GEWICHT GETROCKNETER GEWÜRZE JE GESTR. TEELÖFFEL

Es mag übertrieben wirken, Gewürze auf ein Zehntel Gramm genau abzuwiegen, tatsächlich sind aber viele Gewürze sehr potent und eine unausgewogen gewürzte Wurst ist eine große Enttäuschung. Ich kontrolliere die Geschmacksrichtung lieber, statt sie dem Zufall zu überlassen – schließlich investiere ich viel Zeit in die Herstellung meiner eigenen Wurst.

Solange Sie vom Nutzen einer Feinwaage noch nicht überzeugt sind, finden Sie in der folgenden Tabelle Angaben über das ungefähre Gewicht 1 gestrichenen Teelöffels des jeweiligen Gewürzes. Mit »gemahlen« meine ich, dass das getrocknete Gewürz kurz vor Anwendung in der Mühle oder im Mörser zerkleinert wurde.

Chili, fein gemahlen	1,8 g
Chili, Flocken	1,7 g
Fenchelsaat, ganz	2 g
Ingwer, gemahlen	1,8 g
Kardamom, gemahlen	2 g
Knoblauchpulver	2,8 g
Korianderkörner, ganz	1,8 g
Kümmel, ganz	2,5 g
Kümmel, gemahlen	1,8 g
Majoran, gerebelt	1,5 g
Mazis, gemahlen	1,7 g
Muskatnuss, gemahlen	2 g
Nelken, gemahlen	2,1 g
Oregano, gerebelt	1,5 g
Paprikapulver	2,1 g
Piment, gemahlen	1,9 g
Rosmarin, gemahlen	1,2 g
Rosmarinnadeln, ganz	1,5 g
Salbei, gerebelt	0,7 g
Schwarzer Pfeffer, fein gemahlen	1,7 g
Schwarzer Pfeffer, ganz	2,5 g
Senfkörner, gelb, ganz	3,2 g
Senfkörner, gemahlen	2,3 g
Thymian, gerebelt	0,6 g
Wacholderbeeren, grob gemahlen	1,7 g
Weißer Pfeffer, fein gemahlen	2,4 g
Zimt, gemahlen	2,3 g

Die Ausrüstung

Für das Wursten zu Hause benötigt man im Grunde nicht viel mehr als ein scharfes Messer, mit dem sich das Fleisch fein zerkleinern lässt, sowie einen Spritzbeutel mit geeigneter Tülle, um die Därme zu füllen. Es gab Zeiten, da waren dies die einzigen Gerätschaften, die zur Verfügung standen. Schlachtwarmes Fleisch, das man damals unmittelbar verarbeitete, hat allerdings andere Eigenschaften und Ansprüche hinsichtlich Bindungsvermögen, Kühlung und Bearbeitungsgrad. Vermutlich kamen Wiegemesser mit mehreren parallelen Klingen zum Einsatz, die man schaukelnd über die Fleischstücke bewegte.

Es ist also möglich, mit einfacher Ausrüstung Wurst herzustellen, doch spezielle Maschinen und Gerätschaften erleichtern die Arbeit deutlich.

AUSRÜSTUNG ZUM MAHLEN DES FLEISCHES
Handwolf oder Küchenmaschine mit Fleischwolfaufsatz. Diese Geräte haben wohl die meisten, die zu Hause wursten. Falls Sie noch keine Küchenmaschine besitzen, sollten Sie die stärkste kaufen, die Sie sich leisten können, samt robustem Fleischwolfaufsatz und der größten Auswahl an Lochscheiben für unterschiedliche Zerkleinerungsgrade.

Fleischwolf mit Elektroantrieb. Wenn Sie zum leidenschaftlichen Wurstmacher geworden sind, kaufen Sie einen Elektrowolf. Orientieren Sie sich an diesen Fragen, wenn Sie Angebote vergleichen, und wenden Sie sich damit ggf. auch an den Hersteller: Eignet der Wolf sich auch zum Zerkleinern von Eis? Wie viel lässt sich in einer Stunde mahlen? Welche Lochscheiben gehören dazu? Prüfen Sie außerdem, wie gut sich das Gerät reinigen lässt: Lässt es sich leicht zerlegen? Gibt es ungünstige Winkel und Kanten, in denen Wurstmasse haften bleiben kann?

AUSRÜSTUNG ZUM FÜLLEN DER DÄRME
Spritzsack. Man kann einen großen Spritzbeutel zum Füllen der Därme verwenden, es wird jedoch umso schwieriger, je fester die Wurstmasse ist: Anders als etwa eine Bratwurst mit eher lockerem Brät lässt sich eine Salami auf diese Weise nur mit Mühe abfüllen.

Füllrohr. Der Fleischwolfaufsatz sollte durch einige Füllhörner (oder -rohre) unterschiedlichen Kalibers vervollständigt werden. Auf diese trichter- oder rohrförmigen Vorsätze wird der Darm gezogen, sodass die Wurstmasse durch das Horn in die Wursthülle gepresst werden kann. Der Name stammt von den ursprünglich zu diesem Zweck eingesetzten Rinderhörnern, die heutigen Füllrohre sind aus Kunststoff oder Metall. Für die engen Lammsaitlinge müssen Sie ein ganz schmales Füllrohr besorgen (höchstens 15 mm Ø an der Mündung).

Achtung: Wolfen und Füllen sind zwei aufeinanderfolgende Arbeitsschritte. Das Fleisch wird nicht beim Mahlen direkt abgefüllt, man montiert das Füllrohr erst, nachdem Kreuzmesser und Lochscheibe entfernt wurden.

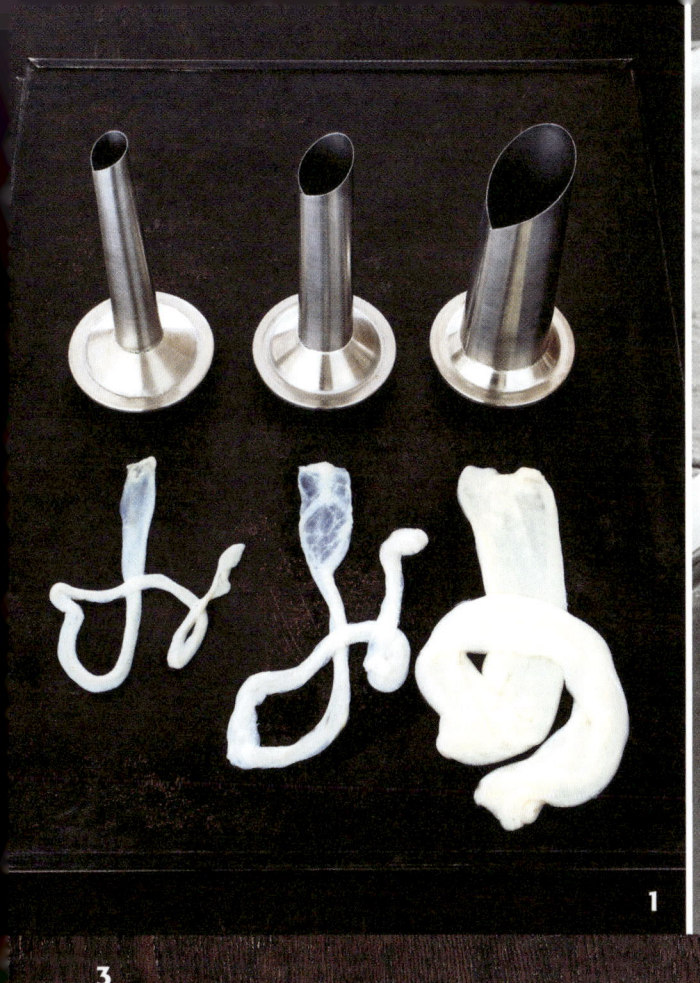

1

2

3

Wurstfüller. Ein eigens zum Abfüllen der Wurstmasse bestimmtes Gerät erleichtert die Arbeit enorm. Manuell betriebene sog. Handfüller mit einer Kapazität von 3–5 Litern sind für die heimische Wurstküche ausreichend und bieten den großen Vorteil, dass man die Geschwindigkeit, mit der die Masse die Wursthüllen füllt, selbst bestimmt.

SONSTIGE UTENSILIEN

Knetmaschine. Die Wurstmasse lässt sich ohne Weiteres per Hand mischen, doch werden die Finger bei der richtigen Temperatur (um 0 °C) sehr kalt – selbst wenn man sich abwechseln kann. Benutzen Sie dabei Latexhandschuhe, schon aus hygienischen Gründen.

Messer, Schneidbrett, Mörser, Bambusstäbe, Kaffeemühle,
Thermo-Hygrometer, Küchenwaage, Bratenschnur,
digitales Stichthermometer, Haken und Löffelwaage.

Ansonsten ist eine Knetmaschine sehr praktisch. Sie sollten die Rührschüssel einige Zeit vorher in den Froster stellen, damit die Temperatur während des Rührens niedrig gehalten werden kann. Am besten eignet sich zum Mischen der sog. Knetflügel, aber Knethaken funktionieren auch gut.

Kräutermühle. Eine einfache kleine Kaffeemühle ist das beste Gerät zum Mahlen von Kräutern. Natürlich eignen sich Mühlen mit Handkurbel oder Mörser ebenso gut.

Waagen. Zwei Typen von Waagen erleichtern die Wurstproduktion. Zum Abwiegen von Fleisch und anderen schwereren Zutaten empfehle ich eine Digitalwaage mit Wägebereich bis 5 kg und Tara-Funktion, mit deren Hilfe das Gewicht etwaiger Behältnisse (Tara) vom Gesamtgewicht abgezogen werden kann, sodass nur das Reingewicht der Rohware angezeigt wird.

Zusätzlich sollten Sie zum Abwiegen von Kräutern eine elektronische Fein- bzw. Diätwaage mit einer Messgenauigkeit von mindestens 0,1 g anschaffen oder alternativ eine Briefwaage verwenden. Ich selbst habe eine Löffelwaage, mit der man ganz leicht auch kleine Mengen flüssiger Zutaten abwiegen kann. Das ungefähre Gewicht der gängigsten Wurstgewürze pro Teelöffel können Sie aber auch der Liste auf S. 17 entnehmen.

Thermometer. Ein digitales Fleischthermometer, das man ins Fleisch oder ins Brät stechen kann, um die Temperatur ohne Weiteres ermitteln zu können, macht das Wursten einfacher und sicherer. Wenn Sie Rohwurst herstellen wollen, benötigen Sie zusätzlich ein Raumthermometer, um die Temperatur im Reifeschrank zu kontrollieren.

Eimer und Schüsseln. Verschiedene Behälter aus Kunststoff oder Metall sind nötig, um gewolftes Fleisch aufzufangen, zu kühlen oder einzufrieren bzw. die Wurstmasse zu mischen. Sie sollten in den Gefrierschrank passen.

Messer. Zum Parieren und Stückeln des Fleisches brauchen Sie ein gutes, scharfes Zerlegemesser, damit die Arbeit leicht von der Hand geht.

Wurstgarn. Mit hitzebeständigem Wurstgarn oder Bratenschnur werden die Würste abgebunden.

Haken und Stäbe. Zum Trocknen oder Räuchern hängt man die Wurst über Räucherstäbe (z. B. aus Bambus) oder an Haken (die Sie sich sogar selbst zurechtbiegen können).

Für die Herstellung von Rohwurst sind außerdem die folgenden Gerätschaften nützlich:

Ein kleiner Kühlschrank lässt sich sehr leicht in einen Trocken- oder Reifeschrank umbauen (s. »Rohwurst«, S. 79).

Luftfeuchtigkeitsmesser. Hygrometer zur Messung der relativen Luftfeuchtigkeit im Reifeschrank gibt es sowohl in digitaler und als auch mechanischer Bauweise.

pH-Messgerät. Durch Messungen können Sie sich vergewissern, dass der pH-Wert in Ihrer Rohwurst auf ein Niveau gesunken ist, das den Bakterien nicht mehr zuträglich ist. Digitale pH-Messer sind leider kostspielig, aber man kann auch mit Lackmuspapier arbeiten, obwohl das Ablesen schwieriger und nicht ganz so genau ist.

Wenn Sie sich ein digitales Gerät leisten wollen, versichern Sie sich, dass es zum Bestimmen des pH-Werts bei Fleischereiprodukten geeignet ist.

Hygiene

Hält man gewisse grundlegende Hygieneregeln ein, ist das Wursten zu Hause in keiner Weise gefährlich. Lassen Sie sich also von dem Folgenden nicht beunruhigen oder gar abschrecken. Ein wenig Wissen über Mikroorganismen sollte aber doch die Einsicht untermauern, dass diese Regeln unbedingt zu befolgen sind.

Von dem Moment an, da der Tierkörper bei der Schlachtung geöffnet wird und das Fleisch in Kontakt mit der Umgebung kommt, wächst auf seiner Oberfläche die Zahl der Mikroorganismen. Erst wenn das Milieu zu unwirtlich wird, werden sie gebremst oder sterben ab. Das sind die Gegebenheiten im Kampf um die Kontrolle über die Wurst, den die Bakterien nicht gewinnen dürfen.

Ein Problem beim Wursten zu Hause ist, dass man nicht selbst in der Hand hat, was bis zum Einkauf mit dem Fleisch geschieht – Sie müssen schlicht darauf vertrauen, dass die Kühlkette nicht unterbrochen wurde und das Fleisch einigermaßen frisch ist. Umso wichtiger, dass Sie eine gewisse Vorstellung davon haben, was dem Leben der Bakterien zuträglich ist und was nicht.

Je größer die Fleischoberfläche, umso größer die Fläche, auf der Bakterien und andere Mikroorganismen gedeihen. Verglichen mit ganzen Fleischstücken, ist die Oberfläche von gewolftem Fleisch enorm, daher ist Hackfleisch so anfällig. Wurstmasse, aus gewolftem Fleisch hergestellt, muss also ebenso umsichtig behandelt werden wie Hackfleisch. Kaufen Sie niemals fertig gewolftes Fleisch, um daraus Wurst zu machen!

Mikroorganismen befinden sich unweigerlich auf dem Fleisch. Es ist nicht ihre Existenz an sich, sondern vielmehr ihre Menge, die u. U. ein Problem darstellt. Manche sind sogar ganz erwünscht – z. B. die Milchsäurebakterien in Rohwurst oder der Edelschimmel, der einer Salami ihren Geschmack verleiht (s. »So macht man Rohwurst«, S. 82). Generell aber ist ein möglichst geringer Zuwachs unerwünschter Bakterien das Ziel.

VON NITRIT UND NITRAT

Üblich, aber viel diskutiert ist der Zusatz von Nitrit, unter den Inhaltsstoffen von Wurstwaren auch als E 250 verzeichnet. Über die Vor- und Nachteile von Nitrit in selbst gemachter Wurst gehen die Ansichten auseinander, und ich selbst möchte in diesem Buch nicht endgültig Stellung zu diesem Thema beziehen.

NITRIT IN DER WURST – WOZU?

- Nitrit stabilisiert die rote Färbung der Rohware, das Produkt wird nicht grau.
- Nitrit verleiht Wurstwaren den Geschmack und die Konsistenz, die wir inzwischen aus Gewohnheit erwarten.
- Nitrit schützt gegen das Bakterium *Clostridium botulinum*, das eines der giftigsten Toxine produziert, die wir kennen.

Manche Wurstmacher, die ich bewundere, sind der Ansicht, dass Nitrit in der Fleischerei nicht verwendet werden

sollte, da der wahre Grund für den Zusatz nicht der Schutz vor *Clostridium botulinum* sei, sondern, immer gleiche Farbe, Geschmack und Konsistenz liefern zu können, was sich annähernd auch auf anderem Wege erreichen ließe.

Auch an *C. botulinum* ist nicht seine bloße Existenz gefährlich (es ist immer vorhanden und damit das Risiko, dass Fleisch kontaminiert wird), sondern Wachstum und Vermehrung der Toxin produzierenden Sporen. Letztendlich hängt also die Notwendigkeit der Zugabe von Nitrit

von der Bakterienbelastung der rohen Ware ab – und umgekehrt reduziert gute Hygiene den Bedarf an Nitrit.

Nitrit hemmt auch die Vermehrung von *Listeria monocytogenes*, tötet Staphylokokken ab und beeinträchtigt die Überlebenschancen von EHEC in Fleischwaren, sodass diese deutlich länger haltbar sind.

Gegen die Verwendung von Nitrit spricht im Wesentlichen, dass es in Nitrosamine umgewandelt werden kann, die sich in Tierversuchen als stark krebserregende Muta-

So halten Sie Bakterien in Schach

Wenn Sie die folgenden Punkte und die Anleitungen im Buch befolgen, ist das Wursten zu Hause völlig ungefährlich.

- Reinigen Sie alle Arbeitsflächen, Schneidbretter, Messer und Maschinen gründlich – vor und nach dem Wursten.
- Lagern Sie Fleisch immer sehr kalt oder gefroren.
- Kühlen Sie Gefäße und Maschinenteile rechtzeitig im Froster. Im Winter sollte man ruhig auch die Küche abkühlen (Heizung ausstellen, Fenster öffnen). Die meisten Bakterien vermehren sich besonders zwischen 8 und 46 °C, bei manchen ist der Zuwachs aber auch bei −1 °C und bis zu +53 °C noch groß.
- Bis zu 99 % der schädlichen Mikroorganismen sterben, wenn in der Mitte des zubereiteten Produkts 15 Sekunden lang eine Temperatur von 72 °C besteht (Kerntemperatur). Die gleichen Bakterien, die man auf diese Weise abtöten kann, sterben auch nach 2 Minuten 6 Sekunden bei 68 °C Kerntemperatur. Ich weise darauf hin, weil ich im Kapitel über Brühwurst eine Kerntemperatur von nur 68 °C vertrete, damit die Wurst saftig bleibt. Die Lebensmittelindustrie kann hier kaum Kompromisse eingehen, wenn sie eine Haltbarkeit von 3 Wochen garantieren will. Dass die hier angegebene niedrige Kerntemperatur einer

selbst gemachten Wurst schadet, die nicht transportiert werden muss und deren Kühlung man selbst bestens kontrolliert, denke ich aber nicht.

- Da im Boden viele gefährliche Bakterien vorkommen, sollten Sie sehr darauf bedacht sein, dass nichts in die Nähe von Wurstzutaten kommt, was mit Erde Kontakt gehabt haben könnte (z. B. Wurzelgemüse).
- Auch auf der Haut leben gefährliche Bakterien, in Mund- und Nasenhöhlen und in Wunden. Bei guter Hygiene sollten sie kein Problem darstellen.
- Waschen Sie Ihre Hände gründlich mit Seife, bevor Sie mit dem Wursten beginnen und sobald Sie etwas angefasst haben, das nicht gereinigt wurde. Trocknen Sie die Hände anschließend mit einem sauberen Handtuch. Ziehen Sie Latexhandschuhe (Apotheke) an, wenn Sie kleine Wunden an den Händen haben. Manche benutzen sie grundsätzlich, doch lassen Sie sich nicht von einem falschen Reinheitsgefühl täuschen – auch wer Handschuhe trägt, muss darauf achten, was er anfasst. Husten Sie niemals über dem Wurstbrät und werfen Sie Fleisch, das auf den Boden gefallen ist, sofort weg!
- Achten Sie darauf, dass die fertige Wurst nie bei einer Temperatur über +8 °C lagert. Ein guter Kühlschrank sollte +2 bis +4 °C halten können.

gene erwiesen haben. Man könnte nun argumentieren, dass die Gefährdung durch Nitrosamine das Botulismusrisiko durch einen reduzierten Einsatz von Nitrit überwiege, aber es gibt keine wissenschaftlichen Studien, die diesen Standpunkt stützen könnten.

In älteren schwedischen Fleischerei-Fachbüchern wird häufig Salpeter, also (Kalium-)Nitrat, als Wurstzusatz aufgeführt, und auch der traditionellen südeuropäischen Salami, die lange reifen durfte, wurde es beigegeben. Da Nitrat (unter anderem durch gewisse erwünschte Bakterien) in Nitrit umgewandelt wird, ist es im Großen und Ganzen als gleichwertig mit Nitritzusätzen zu betrachten.

In einigen meiner Rezepte habe ich Salpeter verwendet, um nicht verantwortlich gemacht zu werden, falls bei der Umsetzung etwas schiefgeht. Nicht alle, die zu Hause wursten, haben die nötigen Kenntnisse oder Möglichkeiten, professionelle Hygiene zu gewährleisten. Bei luftgetrockneten Würsten habe ich mich also für den Zusatz von Salpeter entschieden, weil diese den Bakterien lange ausgesetzt und dadurch besonders gefährdet sind, aber sonst verarbeite ich weder Nitrit noch Nitrat. Und ich bin noch nicht sicher, ob ich nicht künftig auch bei den Rohwürsten darauf verzichten sollte.

Nitrat (also Salpeter) ist leicht zu bekommen, und nach dem unten stehenden Rezept können Sie Ihr Pökelsalz in der richtigen Konzentration selbst mischen. Fügen Sie der Wurstmasse nie reinen Salpeter zu, sondern stets in der fertigen Mischung mit Salz – so können Sie einfach nicht falsch dosieren, ohne dass es richtig versalzen schmeckt.

NITRATPÖKELSALZ
Mischen Sie 15 g Salpeter mit 2 kg feinem Meersalz (ohne Zusatz von Jod oder Rieselhilfen). Verwahren Sie die Mischung in einer deutlich gekennzeichneten Tüte in der Speisekammer. Schütteln Sie den Inhalt vor jeder Anwendung gut auf.

Wurstarten

Würste können nach unterschiedlichen Kriterien eingeteilt werden, z. B. nach den enthaltenen Zutaten, nach der wichtigsten Geschmackskomponente, der Zubereitung oder Konservierungsmethode.

Ich habe mich entschieden, die Würste hier in drei Hauptgruppen zu unterteilen – Bratwurst, Brühwurst und Rohwurst –, denn für jede dieser Kategorien bestehen grundlegende Techniken oder Prinzipien, die jeweils zu befolgen sind. In diesem Kapitel betrachte ich als eine weitere Gruppe außerdem Räucherwurst, um die Grundtechnik des Räucherns von Würsten jeder Art kurz zusammenzufassen.

BRATWURST

Bratwurst wird aus rohem Fleisch gefertigt und muss vor dem Verzehr gegart werden. Neben Fleisch, Speck und Gewürzen kann Flüssigkeit bis zu 10 % dieser Wurst ausmachen, sei es Wasser, Brühe, Milch oder Wein.

Da Bratwurst aus frisch gewolftem Fleisch besteht und keinerlei Konservierungsverfahren ausgesetzt wurde, ist ihre Haltbarkeit so begrenzt wie die von Hackfleisch, d. h., sie sollte am besten noch am gleichen Tag, spätestens am Tag nach der Herstellung verbraucht werden.

Eingefroren halten frische Bratwürste mindestens drei Monate. Dabei bleibt ihre Konsistenz stabil, sofern man sich während der Herstellung an die Temperaturangaben gehalten hat; andernfalls bekommt sie nach dem Auftauen eine unangenehm körnige Struktur.

BRÜHWURST

Brühwurst wird aus einer besonders fein gewolften Wurstmasse gemacht, in der Wasser und Fett mithilfe der Molekülstruktur des Fleischproteins miteinander eine Emulsion bilden. Diese Wurst wird praktisch immer sofort nach dem Abfüllen wärmebehandelt und ist damit bereits verzehrfertig, wenn sie den Verbraucher erreicht. Die meisten der in Supermärkten verkauften Würste sind Brühwürste.

Brühwurst wird gegart, indem sie auf eine Kerntemperatur von 65–72 °C gebracht wird, durch Heißräuchern, Sieden oder durch eine Kombination aus beidem. So hält sie sich im Kühlschrank 7–10 Tage, im Gefrierschrank mindestens drei Monate.

ROHWURST

Rohwürste werden durch Lufttrocknung konserviert: Ihr Gehalt an ungebundenem Wasser reduziert sich dabei so weit, dass Bakterien nicht mehr in der Wurst gedeihen können. Zu Beginn werden sie häufig noch durch Milchsäurebakterien geschützt, die Zucker in Milchsäure umwandeln und damit den pH-Wert schnell sinken lassen, was unerwünschten Bakterien ebenfalls nicht bekommt.

Eine luftgetrocknete Salami, die 30–40 % ihres Gewichts verloren hat und einen a_w-Wert von 0,86 erreicht hat (Messwert für freies Wasser, s. S. 75), hält mindestens ein Jahr, wenn sie dunkel und kühl (unter +4 °C) gelagert wird. (Isterband verliert niemals so viel Gewicht und hält sich gekühlt 10 Tage.) Noch längere Haltbarkeit erreicht

man durch Einfrieren oder luftdichte Verpackung; den auf Salami erwünschten Edelschimmel kann man aber nur erhalten, wenn man die Wurst in Papier gewickelt im Kühlschrank aufbewahrt.

RÄUCHERWURST

Holzrauch hat gewisse antiseptische Eigenschaften und dient von alters her zur Fleischkonservierung. Heutzutage soll er den Lebensmitteln in erster Linie Geschmack verleihen. Diesen besonderen Geschmack können künstliche Raucharomen niemals ersetzen, und es ist mir unbegreiflich, dass es erlaubt ist, ein Lebensmittel »geräuchert« zu nennen, wenn es nicht einmal in die Nähe von schwelendem Holz geraten ist.

In Schweden wird häufig ziemlich brutal geräuchert, in Deutschland ist man dabei zurückhaltender. Die geschmackliche Veredelung von Fleischwaren verlangt nicht viel Rauch, gehen Sie es also vorsichtig an.

Frisch geräucherte Wurst muss zum Abkühlen luftig aufgehängt und anschließend im Kühlschrank aufbewahrt werden. Heißgeräucherte Wurst hält sich gekühlt eine gute Woche, wenn eine Kerntemperatur von 72 °C erreicht wurde; durch Kalträuchern allein verlängert sich die Haltbarkeit einer Wurst nicht.

Kalträuchern bedeutet, die Wurst dem Rauch bei einer Temperatur von unter 30 °C auszusetzen (meist knapp unter 20 °C) – für wenige Stunden oder bis zu mehrere Wochen lang. Rohwurst kann man einen besonderen geschmacklichen Pfiff geben, indem man sie während der Reifung mehrfach für kurze Zeit in den kalten Rauch hängt, der aber auch die Schimmelbildung auf der Wursthülle unterdrückt.

Heißräuchern bedeutet, dass die Wurst für eine oder mehrere Stunden in den 50–90 °C heißen Rauch ge-

hängt wird. Sie wird im heißen Rauch gegart, oder aber durch zusätzliches Sieden, wie es der Fall bei einigen der hier vorgestellten Brühwürste ist.

Zu Hause ist das Heißräuchern einfacher als das Kalträuchern, für kleinere Mengen reicht zur Not ein Tischräucherofen. Bessere Resultate erzielt man mit einem größeren Kugelgrill, in dem die Würste gegenüber der glühenden, mit feuchten Räucherspänen bedeckten Kohle platziert werden. Die besten Ergebnisse bringt ein Räucherschrank: Hier hängt die Wurst luftig an Stäben und die Temperatur kann regelmäßig kontrolliert werden. Ein solcher Schrank kann selbst gebaut oder fertig gekauft werden.

Das Kalträuchern dagegen erfordert einigen Aufwand: Der Rauch wird in einiger Entfernung von der eigentlichen Räucherkammer erzeugt und durch ein Rohr geleitet, in dem er abkühlen kann, bevor er das Räuchergut erreicht. Rechnen Sie auch damit, dass das Kalträuchern im Sommer schwieriger ist. Alternativ können Sie Ihre Wurst in eine Räucherei geben, oder in eine Metzgerei mit entsprechenden Möglichkeiten.

Bratwurst

So macht man Bratwurst

Unter den verschiedenen Wurstarten ist Bratwurst zu Hause am einfachsten herzustellen. Sie gelingt leicht, wenn man sorgfältig arbeitet, und über Holzkohle gegrillt schmeckt sie ausgezeichnet, lässt sich aber auch gut in der Pfanne braten.

Der häufigste Fehler bei der Herstellung von frischer Bratwurst betrifft die Temperatur, von der das Bindungsvermögen der Proteine abhängt: Nur wenn das Fleisch kalt genug gemahlen und gemischt wird, d. h. bei −2 bis +4 °C, bekommt das Brät eine gute Bindung. Zu merken ist das nicht zuletzt daran, dass schlecht bindige Wurst ihre feine Konsistenz durch Gefrieren verliert und eine unangenehm körnige Struktur entwickelt.

Ein weiterer Grund für eine niedrige Verarbeitungstemperatur ist, dass sich das Fett bei Wärme von der Masse trennt, unter der Wursthülle absetzt und so die Brateigenschaften der Wurst verschlechtert. Und schließlich hemmen niedrige Temperaturen natürlich den Bakterienzuwachs.

1. Das Fleisch auswählen

Für Bratwurst eignen sich im Prinzip alle Fleischteile des Schlachtkörpers. Der Anteil an Bindegewebsproteinen hat hier kaum Bedeutung. Wichtiger ist der Fettgehalt des Fleisches, der bei Bratwurst üblicherweise 20–25 % beträgt. (Mit Ausnahme der vergleichsweise mageren Merguez, bei der das Fett zum Teil durch Öl ersetzt wird.)

Ob man also z. B. magere Schweineschulter wählt und Rückenspeck zufügt, um ein ausgewogenes Verhältnis zu erreichen, oder ausschließlich Schweinebauch und -nacken mit den richtigen Fleisch- und Fettanteilen verwendet – diese Frage entscheidet sich nach Preis und Verfügbarkeit.

2. Das Fleisch parieren und zerkleinern

Sehnen, Häute, weiches Fett, Blutflecken und eventuelle Drüsen werden so gründlich wie möglich entfernt. Zerteilen Sie Fleisch und Speck so, dass sich die Stücke bequem im Fleischwolf zerkleinern lassen.

3. Fleisch, Speck und Gerät kühlen

Legen Sie Fleisch und Speck in den Froster, z. B. auf einem Blech verteilt, sodass die Stücke nicht aneinander festfrieren. Der Speck darf gern vollständig gefroren sein (wenn Sie einen entsprechend leistungsstarken Wolf haben); legen Sie ihn dazu schon am Vortag in den Gefrier-

Wer keine Lust hat, am Grill mit
kleinen Würstchen zu hantieren, rollt
die lange Wurstschlange einfach auf
und fixiert die Schnecke mit Spießen.
Hier eine Salbei-Salsiccia.

schrank. Die Fleischstücke brauchen nur an der Oberfläche gefroren zu sein, die ideale Temperatur ist −1 °C.

Frisch gestückeltes Fleisch muss vor dem Wolfen für einige Stunden gefroren werden. Bereits vorbereitete, tiefgefrorene Stücke lässt man 24 Std. vor der Verarbeitung im Kühlschrank antauen – halbgefroren ist es zum Mahlen perfekt. Legen Sie möglichst auch alle losen Teile Ihrer Arbeitsgeräte in den Froster.

4. Die Gewürze und andere Zutaten abwiegen
Folgen Sie den Rezepten anfangs sehr genau – unausgewogen gewürzte Bratwürste sind ein verbreiteter Anfängerfehler. Wenn Sie improvisieren, kann die Gewürzliste auf S. 16 hilfreich sein. Überprüfen Sie, dass alle Zutaten abgewogen sind, bevor Sie fortfahren.

5. Das Fleisch wolfen
Mahlen Sie zuerst den Speck, dann das Fleisch. Das Salz streuen Sie vor dem Wolfen gleichmäßig über die magersten Fleischstücke: Mit Salz verarbeitet verbessern die Proteine ihr Bindungsvermögen.

6. Das Wurstbrät mischen
Mischen Sie Fleisch, Speck und Gewürze per Hand oder in einer Knetmaschine auf niedrigster Stufe, bis die Masse bindig ist. Nun kann kalte Flüssigkeit – höchstens 10 % des Gesamtgewichts der Grundmasse – zugesetzt werden. Die Mischung ist fertig, wenn sie gut bindig ist und an der Oberfläche ein wenig klebrig.

7. Die Wursthüllen füllen
Lockeres Brät lässt sich mit einem Spritzsack abfüllen, ansonsten nimmt man einen Handfüller oder den Fleischwolf der Küchenmaschine (ohne Messer und Lochscheibe). An den Geräten wird je nach Kaliber der Wursthülle ein Füllrohr angebracht, auf das der Darm gezogen wird.

Pressen Sie das Brät bis zur Mündung des Füllrohrs, ziehen Sie nun zunächst den Darm vor und knoten ihn zu. Danach füllen Sie den ganzen Darm durchgehend, doch nicht so fest, dass sich die einzelnen Würste am Ende nicht mehr abdrehen lassen, ohne zu platzen. Falls es dennoch passiert (und das wird es), müssen Sie den Füllvorgang unterbrechen, den Darm abschneiden und neu verknoten, um von vorn zu beginnen.

8. Die Würste abdrehen
Wenn alles Brät abgefüllt ist und das Ende des Darms verknotet, teilen Sie die lange Wurstschlange folgendermaßen: Klemmen Sie mit Daumen und Zeigefinger der einen Hand vom Ende her eine Wurstlänge ab und von diesem Punkt aus mit der anderen Hand eine weitere. Drehen Sie die Wurst, die Sie so zwischen Ihren Händen halten, nach vorn. Nun bemessen Sie mit einer Hand die nächste Wurstlänge, mit der anderen die wiederum darauf folgende, klemmen so die vierte Wurst ab und drehen sie in die gleiche Richtung: So drehen sich die Würste nicht so leicht wieder auf und Sie können auf Garn verzichten.

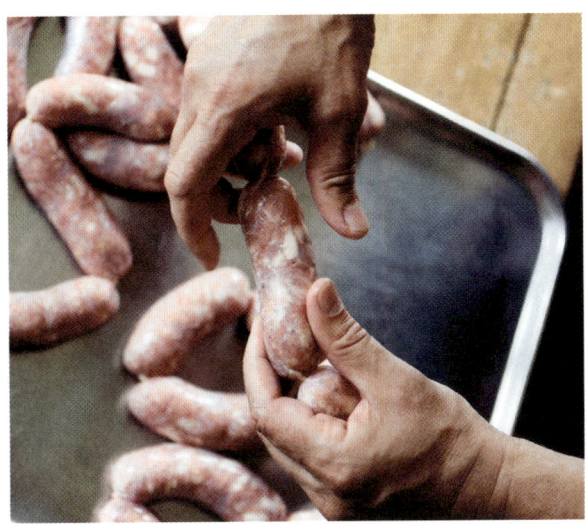

Die italienische Salsiccia zählt zu den Bratwürsten, die am einfachsten selbst zu machen sind, und zu meinen Favoriten für das Grillen über Holzkohle. Probieren Sie sie auch im Eintopf oder Ragout, in Pastasaucen und Suppen. In Italien ist es üblich, die Pelle von frischer Salsiccia aufzuschneiden und den Inhalt statt Hackfleisch z. B. für *Pasta alla norcina* zu verwenden.

Für die luftgetrocknete Salsiccia *secca* empfehle ich dieses Rezept nicht, da sie – wie ähnliche Produkte – viel Salz bei geringer Flüssigkeitszugabe erfordert.

Ich zeige zwei Geschmacksrichtungen, doch es gibt unendlich viele Variationsmöglichkeiten. Die großartige Kombination von Schweinefleisch, Fenchel und Holzkohlerauch ist einfach umwerfend. Die Aromen der Salbei-Salsiccia bieten ein etwas edleres Geschmackserlebnis.

Beilagen

Fenchel-Salsiccia
Knoblauchbruschetta und Tomatensalat (s. S. 98)

Salbei-Salsiccia
Pilzrisotto (s. S. 99)

Salsiccia

Für 2 kg Grundmasse (ca. 24 Würste)

1.500 g mageres Schweinefleisch
500 g Schweinespeck

Fenchel-Salsiccia
Gewürze

34 g Meersalz
100 g Wasser oder barriquefreier Weißwein
6 g schwarzer Pfeffer, geschrotet
4 g Fenchelsaat, gestoßen

Salbei-Salsiccia
Gewürze

32 g Meersalz
200 g Wasser oder barriquefreier Weißwein
6 g schwarzer Pfeffer, grob gestoßen
3 g Knoblauch, gequetscht
3 g frischer Salbei, gehackt

1. Speck und Fleisch parieren, zerkleinern und auf die richtige Temperatur bringen: Der Speck soll gefroren, das Fleisch nur angefroren sein. Die Teile des Fleischwolfs im Gefrierschrank kühlen.
2. 5 m Bratdarm 2 Std. lang handwarm wässern. Mehrfach mit Wasser spülen.
3. Das Fleisch mit dem Salz bestreuen. Fleisch und Speck mit einer groben Lochscheibe mahlen.
4. Fleisch, Speck, Flüssigkeit mit den Zutaten für die gewünschte Würzung per Hand oder auf niedrigster Stufe maschinell vermengen, bis die Masse gut bindet. Die Temperatur darf +4 °C nie übersteigen.
5. Füllrohr am Wolf oder am Handfüller montieren, den Darm aufziehen, das Brät bis zur Mündung pressen. Den Darm vorne durch Knoten schließen und (nicht zu fest) mit der Masse befüllen. Zum Schluss das andere Darmende ebenfalls verknoten.

6. Würste von 10–12 cm Länge abdrehen: Mit Daumen und Zeigefinger der einen Hand vom Ende her eine Wurstlänge abklemmen und von hier aus mit der anderen Hand eine weitere; die so bemessene Wurst nach vorn drehen. So fortfahren und jede Wurst in die gleiche Richtung drehen, dann können Sie auf Garn verzichten. Die Würste bis zur Zubereitung einige Stunden ruhen lassen.
7. Die Würste auseinanderschneiden und vorsichtig über Holzkohlenglut grillen, bei schwacher Hitze in einer Pfanne oder im Ofen braten, bis sie Farbe angenommen haben. Vom Feuer nehmen, bevor sie hart und trocken werden.

Merguez ist eine nordafrikanische Wurst, deren Name sich vom arabischen *mirqāz* oder vom entsprechenden Berber-Wort für Wurst, *amergaz*, herleitet. Sie wird gewöhnlich aus Lamm-, Schafs- oder Rindfleisch oder einer Kombination daraus hergestellt. In Frankreich, wo diese Wurst sehr beliebt ist, gibt es auch Varianten mit Schweinefleisch. Die Proportionen im folgenden Rezept ergeben eine für meinen Geschmack angenehme Lammnote.

Harissa ist eine ziemlich starke tunesische Gewürzmischung, die Chili, Knoblauch, Salz, Korianderkörner und Kreuz- oder Echten Kümmel enthält. Mit dem in kleinen Konservendosen angebotenen Harissa habe ich gute Ergebnisse erzielt.

Merguez

Für 2 kg Grundmasse (ca. 35 Würste)

1.200 g Lamm- oder Schafsfleisch, nicht zu mager
800 g Rind, gerne Hochrippe

Gewürze

32 g Meersalz
36 g (50 ml) Olivenöl
6 g schwarzer Pfeffer, gemahlen
3 g Fenchelsamen, gemahlen
20 g Knoblauch, gequetscht
24 g Harissa

Beilagen

Couscoussalat, gegrillte Paprika und Harissasauce (s. S. 103)

1. Das Fleisch parieren, zerkleinern und durch Anfrieren auf die richtige Temperatur bringen. Die Teile des Fleischwolfs im Gefrierschrank kühlen.
2. 8 m Lammsaitling 2 Std. lang handwarm wässern. Mehrfach mit Wasser spülen.
3. Das Fleisch mit dem Salz bestreuen und durch eine mittlere Lochscheibe drehen.
4. Fleisch, Öl und Gewürze mit der Hand oder auf niedrigster Stufe maschinell vermengen, bis die Masse gut bindet. Die Temperatur darf +4 °C nie übersteigen.
5. Füllrohr am Wolf oder am Handfüller montieren, den Saitling aufziehen, das Brät bis zur Mündung pressen. Den Darm vorne durch Knoten schließen und (nicht zu fest) mit der Masse befüllen. Zum Schluss das andere Darmende ebenfalls verknoten.
6. Würste von 15–20 cm Länge abdrehen: Mit Daumen und Zeigefinger der einen Hand vorm Ende her eine Wurstlänge abklemmen und von hier aus mit der anderen Hand eine weitere; die so bemessene Wurst nach vorn drehen. So fortfahren und jede Wurst in die gleiche Richtung drehen, dann können Sie auf Garn verzichten. Die Würste bis zur Zubereitung einige Stunden ruhen lassen.
7. Die Würste auseinanderschneiden und grillen oder in etwas Olivenöl in der Pfanne braten, bis sie Farbe angenommen haben. Bei dieser sehr mageren Wurst ist es besonders wichtig, dass sie nicht zu lange gebraten und dadurch trocken wird, aber da Merguez aus Lamm und Rind gemacht wird, ist es kein Weltuntergang, sollte sie nicht wirklich ganz durchgegart sein.

Die Geschichte dieser kleinen Wurst ist bis in das Jahr 1313 dokumentiert, und sie ist eine der beliebtesten Würste Deutschlands. Häufig wird ein halbes oder ganzes Dutzend mit Sauerkraut, Meerrettich oder Kartoffelsalat serviert – oder drei Würste im Brötchen mit Senf. Mit Rücksicht auf das Original halte ich mich an die Fleischmischung des Rezepts, das ich von Jürgen Körber bekommen habe.

Wenn Sie die Zusammensetzung verändern wollen, sollten Sie beachten, dass Schweineschulter und Eisbein kollagenreich sind, Schweinebacke und -bauch einen hohen Fettanteil haben (bis zu 70 %). Sie können stattdessen mageres Fleisch vom vorderen Schulterblatt nehmen und Rückenspeck zufügen, der dabei 20–25 % der Grundmasse ausmachen sollte.

Rostbratwürste Nürnberger Art

Für 2 kg Grundmasse (50–60 Würste)

1.400 g Schweinefleisch, gerne Schulter- oder Beinfleisch
600 g Schweinebacke oder -bauch

Gewürze

36 g Meersalz
100 g Milch (3 % Fett)
6 g schwarzer Pfeffer, gemahlen
2,4 g Majoran, gerebelt
1,2 g Piment, gemahlen
0,8 g Muskatnuss, gemahlen
0,6 g Mazis, gemahlen

Beilagen

Sauerkraut (s. S. 102)

1. Das Fleisch parieren, zerkleinern und durch Anfrieren auf die richtige Temperatur bringen. Die Teile des Fleischwolfs im Gefrierschrank kühlen.

2. 8 m Lammsaitling 2 Std. lang handwarm wässern. Mehrfach mit Wasser spülen.

3. Das Fleisch mit dem Salz bestreuen und mit einer feinen Lochscheibe mahlen.

4. Fleisch, Milch und Gewürze mit der Hand oder auf niedrigster Stufe maschinell vermengen, bis die Masse gut bindet. Die Temperatur darf +4 °C nie übersteigen.

5. Füllrohr am Wolf oder am Handfüller montieren, den Saitling aufziehen, das Brät bis zur Mündung pressen. Den Darm vorne durch Knoten schließen und (nicht zu fest) mit der Masse befüllen. Zum Schluss das andere Darmende ebenfalls verknoten.

6. Würste von 8 cm Länge abdrehen: Mit Daumen und Zeigefinger der einen Hand vom Ende her eine Wurstlänge abklemmen und von hier aus mit der anderen Hand eine weitere; die so bemessene Wurst nach vorn drehen. So fortfahren und jede Wurst in die gleiche Richtung drehen, dann können Sie auf Garn verzichten. Die Würste bis zur Zubereitung einige Stunden ruhen lassen.

7. Die hellen, nur fingerdicken Würstchen auseinanderschneiden, vorsichtig grillen oder mit Butter in der Pfanne bis zu einer leichten, goldenen Bräune anbraten.

Stellen Sie sich diese billigen, englischen Würstchen mit Salbeigeschmack in ihrer etwas klebrigen Hülle vor, die man in jedem einfachen Bed & Breakfast auf den britischen Inseln zum Frühstück bekommt – ich weiß, das ist Junkfood, aber manchmal ist es doch genau das, was man von seinen besten Freunden erwartet.

Mit diesem Rezept gelingt Ihnen genau die richtige Würze und Konsistenz, und weil sie so fantastisch schmeckt, ist die Wurst zu einem unserer Favoriten avanciert. Die angegebene Salzmenge könnte etwas zu klein erscheinen, aber die Hühnerbrühe, »salzig wie die Träne«, gleicht das aus. (Vergessen Sie nicht, die Brühe rechtzeitig gut zu kühlen.)

Es heißt, dass diese kleinen Würstchen *bangers* genannt werden, weil sie beim Braten so leicht explodieren. Mir ist das allerdings noch nie passiert.

ANRICHTEN ALS »FULL ENGLISH BREAKFAST« MIT

- Schinkenspeck
- Weißen Bohnen in Tomatensauce
- gegrillter Tomate
- Rührei
- gebratenen Champignons
- Toast
- evtl. etwas Blutwurst
- und allem, was sonst zu einem Frühstück gehört, wenn man richtig hungrig ist

Banger

Für 2 kg Grundmasse (ca. 28 Würstchen)

1.000 g mageres Schweinefleisch
600 g Schweinespeck
200 g Semmelbrösel
200 g (200 ml) kalte Hühnerbrühe

Gewürze

6 g Salz
3 g weißer Pfeffer, gemahlen
1 g Mazis, gemahlen
1 g Ingwer, gemahlen
0,8 g Salbei, trocken, gerebelt
0,3 g Muskatnuss, gemahlen

1. Speck und Fleisch parieren, zerkleinern und auf die richtige Temperatur bringen: Der Speck soll gefroren, das Fleisch nur angefroren sein. Die Teile des Fleischwolfs im Gefrierschrank kühlen.

2. 5 m Bratdarm 2 Std. lang handwarm wässern. Mehrfach mit Wasser spülen.

3. Semmelbrösel 30 Min. lang in der kalten Bouillon im Kühlschrank quellen lassen. Die Mischung wird sehr fest.

4. Das Fleisch mit dem Salz bestreuen und mit dem Speck mit einer feinen Lochscheibe mahlen.

5. Die gewolfte Masse mit den Gewürzen und den gequollenen Bröseln per Hand grob mischen.

6. Das Ganze nochmals wolfen und dann mit den Händen oder auf niedrigster Stufe maschinell vermengen, bis die Masse gut bindet. Die Temperatur darf +4 °C nie übersteigen.

7. Das Füllrohr am Wolf oder am Handfüller montieren, den Darm aufziehen und das Brät bis zur Mündung pressen. Den Darm vorne durch Knoten schließen und (nicht zu fest) mit der Masse befüllen. Zum Schluss das andere Darmende ebenfalls verknoten.

8. Würstchen von 8 cm Länge abdrehen: Mit Daumen und Zeigefinger der einen Hand vom Ende her eine Wurstlänge abklemmen und von hier aus mit der anderen Hand eine weitere; die so bemessene Wurst nach vorn drehen. So fortfahren und jedes Würstchen in die gleiche Richtung drehen, dann können Sie auf Garn verzichten. Die Würste bis zur Zubereitung einige Stunden ruhen lassen.

7. Die Würstchen auseinanderschneiden und vorsichtig mit Butter in der Pfanne braten.

Viele Jäger scheinen nicht richtig zu wissen, was sie mit dem vielen Fleisch anfangen sollen, und vieles wird dann einfach zu Hack verarbeitet. Man mache stattdessen gute Würste daraus! Wenn Ihnen die Würzung gefällt, können Sie auch andere Fleischsorten ausprobieren.

Pilzmehl ist schnell selbst gemacht, indem man getrocknete Pilze in einer elektrischen Kaffeemühle oder im Mixer fein mahlt. Als Gewürz bewirkt es gar nicht, dass die Wurst nach Pilzen schmeckt, sondern vertieft den Geschmack auf seltsame Weise – hier handelt es sich vermutlich um die fünfte Geschmacksrichtung: umami. Zusammen mit Rosmarin verleiht es der Wurst Waldaroma.

Versuchen Sie doch auch einmal luftgetrocknete Rohwürste mit Wildfleisch herzustellen.

Wildschweinwurst

Für 2 kg Grundmasse (ca. 20 Würste)

1.400 g mageres Wildschweinfleisch
600 g Schweinespeck

Gewürze

36 g Meersalz
100 g Milch (3 % Fett)
20 g Parasol oder Trompetenpfifferlinge, getrocknet und gemahlen
6 g schwarzer Pfeffer, gemahlen
1,4 g frischer Rosmarin, fein gewiegt

Beilagen

Mungobohnensalat (s. S. 98) und evtl. in Butter geschwenkte Pfifferlinge oder Linseneintopf mit Wurzelgemüse (s. S. 99)

1. Speck und Fleisch parieren, zerkleinern und auf die richtige Temperatur bringen: Der Speck soll gefroren, das Fleisch nur angefroren sein. Die Teile des Fleischwolfs im Gefrierschrank kühlen.

2. 5 m Bratdarm 2 Std. lang handwarm wässern. Mehrfach mit Wasser spülen.

3. Das Fleisch mit dem Salz bestreuen. Fleisch und Speck mit einer mittleren Lochscheibe wolfen.

4. Fleisch, Speck, Milch und Gewürze mit der Hand oder auf niedrigster Stufe maschinell vermengen, bis die Masse gut bindet. Die Temperatur darf +4 °C nie übersteigen.

5. Das Füllrohr am Wolf oder am Handfüller montieren, den Darm aufziehen und das Brät bis zur Mündung pressen. Den Darm vorne durch Knoten schließen und (nicht zu fest) mit der Masse befüllen. Zum Schluss das andere Darmende ebenfalls verknoten.

6. Würste von 15 cm Länge abdrehen: Mit Daumen und Zeigefinger der einen Hand vom Ende her eine Wurstlänge abklemmen und von hier aus mit der anderen Hand eine weitere; die so bemessene Wurst nach vorn drehen. So fortfahren und jede Wurst in die gleiche Richtung drehen, dann können Sie auf Garn verzichten. Die Würste bis zur Zubereitung einige Stunden ruhen lassen.

7. Die Würste auseinanderschneiden und über Holzkohlenglut grillen, mit Butter in der Pfanne braten oder in einem Eintopf während der letzten 20–30 Min. mitgaren lassen.

Elchfleisch ist sehr mager und die Wurst ist daher leicht zu trocken, wenn man kein zusätzliches Fett beimengt. Das gilt auch für anderes Hirschfleisch. Für dieses Rezept habe ich das Elchfleisch mit 30 % Schweinespeck ergänzt, damit die Wurst saftiger wird.

Die Komposition von Gewürzen für Wild ist nicht ganz einfach, ohne Klischees mit Wacholderbeeren und Schnaps zu bemühen. Diese Gewürzmischung hier habe ich in einem französischen Lehrbuch für Fleischer gefunden, und ich finde, sie passt sehr gut zu Elchfleisch. Gehen Sie von dieser Mischung aus, testen Sie Varianten, und wenn Sie wissen, welche Nuancen in Ihrer Elchwurst betont werden sollen, stimmen Sie die Gewürzmischung darauf ab.

Elchwurst

Für 3 kg Grundmasse (ca. 30 Würste)

1.800 g Elchfleisch, gerne aus der Kugel
900 g Schweinespeck
300 g kaltes Wasser

Gewürze

51 g Meersalz
30 g frz. Wildgewürzmischung

Französische Wildgewürzmischung

5 g schwarzer Pfeffer, gemahlen
5 g Wacholderbeeren, gemahlen oder gestoßen
5 g Thymian, gemahlen
4 g Ingwer, gemahlen
4 g Muskatnuss, gemahlen
4 g Mazis, gemahlen
4 g Lorbeerblätter, gemahlen
2,5 g Majoran, gerebelt
2 g Nelken, gemahlen

1. Speck und Fleisch parieren, zerkleinern und auf die richtige Temperatur bringen: Der Speck soll gefroren, das Fleisch nur angefroren sein. Die Teile des Fleischwolfs im Gefrierschrank kühlen.
2. 7 m Bratdarm 2 Std. lang handwarm wässern. Mehrfach mit Wasser spülen.
3. Das Fleisch mit dem Salz bestreuen und zusammen mit dem Speck durch eine feine oder mittleren Lochscheibe wolfen.
4. Fleisch, Speck, Wasser und Gewürze mit der Hand oder auf niedrigster Stufe maschinell vermengen, bis die Masse gut bindet. Die Temperatur darf +4 °C nie übersteigen.
5. Das Füllrohr am Wolf oder am Handfüller montieren, den Darm aufziehen und das Brät bis zur Mündung pressen. Den Darm vorne durch Knoten schließen und (nicht zu fest) mit der Masse befüllen. Zum Schluss das andere Darmende ebenfalls verknoten.

6. Würste von 12 cm Länge abdrehen: Mit Daumen und Zeigefinger der einen Hand vom Ende her eine Wurstlänge abklemmen und von hier aus mit der anderen Hand eine weitere; die so bemessene Wurst nach vorn drehen. So fortfahren und jede Wurst in die gleiche Richtung drehen, dann können Sie auf Garn verzichten. Die Würste bis zur Zubereitung einige Stunden ruhen lassen.
7. Die Würste auseinanderschneiden und über Holzkohlenglut grillen oder mit Butter in der Pfanne anbraten.

Beilagen

Joël Robuchons Kartoffelpüree (s. S. 103)

Brühwurst

So macht man Brühwurst

Brühwurst gelingt nur, wenn man die Temperatur genau im Auge behält: Bei Schweinefleisch dürfen 15 °C, bei Rindfleisch 21 °C nicht überschritten werden, sonst wird die Emulsion aus Fett und Fleischsaft instabil und entmischt sich. Sowohl beim Wolfen als auch beim Mengen entsteht Wärme durch Reibung, daher ist während der Arbeit eine regelmäßige Kontrolle mit einem elektronischen Thermometer nötig. Auch die Relation der Anteile von Fleisch, Fett und Wasser spielt eine Rolle. Als Faustregel für die Entwicklung eigener Rezepte auf der Basis der klassischen Brühwurstzutaten gilt: 5 : 4 : 3 für Fleisch, Speck und Wasser.

1. Das Fleisch parieren und zerkleinern
Sehnen, Häute, Blut und Drüsen werden entfernt, Fleisch und Speck so gestückelt, dass sie leicht zu wolfen sind.

2. Fleisch, Speck und Gerät kühlen
Der Speck wird gefroren, das Fleisch oberflächlich angefroren. Halten Sie Eis bereit. Legen Sie abnehmbare Geräteteile rechtzeitig in den Froster.

3. Fleisch und Speck wolfen
Mahlen Sie Fleisch und Speck im ersten Durchgang mittelgrob bis fein. Kühlen Sie die Masse im Froster.

4. Eisschnee mahlen und abwiegen

Zerkleinern Sie die benötigte Menge Eis im Mixer bis zu schneeartiger Konsistenz, geben Sie es dann wieder in den Gefrierschrank.

5. Die Gewürze abwiegen

Bemessen Sie alle Gewürze mit einer Feinwaage, zur Not teelöffelweise entsprechend der Liste auf S. 17.

6. Das Brät nochmals wolfen

Setzen Sie die feinste Lochscheibe in den Wolf. Mischen Sie das gekühlte Hack gründlich mit Salz. Schütten Sie das Eis darüber, mengen Sie es grob unter, mahlen Sie alles zusammen noch einmal und kühlen Sie die Masse.

7. Das Brät mengen

Montieren Sie die gekühlten Teile der Knetmaschine. Mengen Sie die Wurstmasse mindestens 7 Minuten lang bei mittlerer Geschwindigkeit, geben Sie dabei die Gewürze zu. Halten Sie die Maschine ggf. an, um das Brät von den Seiten nach unten zu schieben. Die Masse soll ziemlich schwer, kompakt und sehr klebrig sein. Grobe Einlagen werden ganz zuletzt zugegeben. Das fertige Brät wird wieder gekühlt.

8. Die Wurst füllen

Füllen Sie das Brät mit Handfüller oder Spritzsack ab – Küchenmaschinen mit Füllaufsatz könnten bei einem so fein gemahlenen, bindigen Brät zu stark beansprucht werden.

9. Die Würste abdrehen

Wenn der Darm vollständig gefüllt und am Ende verknotet ist, teilen Sie Einzelwürste ab: Vom Ende her klemmen Sie mit Daumen und Zeigefinger der einen Hand eine Wurstlänge ab und von diesem Punkt aus mit der anderen Hand eine weitere. Drehen Sie die Wurst, die Sie so zwischen Ihren Händen halten, nach vorn. Nun bemessen Sie mit der einen Hand die nächste Wurstlänge, mit der anderen die wiederum darauf folgende. Drehen Sie diesen vierten Abschnitt in die gleiche Richtung, sodass sich die Würste nicht wieder aufdrehen und Sie ohne Garn auskommen.

10. Die Würste räuchern

Wurst, die geräuchert werden soll, hängen Sie zunächst ohne Rauch bei 50 °C auf, bis die sichtbare Feuchtigkeit abgetrocknet ist. Die Oberfläche soll sich beim Anfassen noch leicht feucht anfühlen, räuchern Sie nur niemals Würste, die feucht *aussehen*. Die Kerntemperatur von 68 °C kann durch Heißräuchern bei 82 °C erreicht wer-

den oder durch Brühen, falls die Wurst früher aus dem Rauch genommen wird (s. Schritt 11).

11. Die Würste brühen

Lassen Sie die Würste in siedendem Wasser (71–82 °C) bis zur Kerntemperatur von 68 °C ziehen – mit einem Dampfeinsatz o. Ä. beschwert, damit sie bedeckt bleiben.

12. Die Würste kühlen

Würste, die nicht direkt verzehrt werden, müssen Sie in Eiswasser bis auf eine Kerntemperatur von unter 15 °C abkühlen. Im Kühlschrank halten sie sich etwa eine Woche, im Gefrierschrank mindestens drei Monate lang.

13. Die Würste zubereiten

Da diese Wurst bereits gegart ist, kann sie kalt gegessen werden (Aufschnitt!), aber es ist doch üblicher, sie in siedendem Wasser wieder zu erwärmen oder in der Pfanne, im Ofen oder auf dem Grill anzubräunen.

Falukorv ist das mit Abstand beliebteste Fleischprodukt in Schweden – 30.000 t werden jedes Jahr verzehrt – und die einzige schwedische Wurst, deren Name in der EU geschützt ist: als garantiert traditionelle Spezialität (was allerdings nicht viel aussagt, gilt doch das Gleiche für den sog. Haushaltskäse).

Laut EU-Definition darf Falukorv 4 % Kartoffelmehl als Bindemittel enthalten; gebraucht wird es nicht. Mit diesem Rezept hier bindet die Wurst auch ohne den Zusatz gut – und wird besser als alle, die man kaufen kann. Wenn Sie keine Möglichkeit zum Heißräuchern haben, müssen Sie die Wurst direkt nach dem Füllen brühen. Dann wird es zwar keine richtige Falukorv, aber doch eine sehr schmackhafte Wurst.

HERKUNFT DER FALUKORV

Ihre Geschichte beginnt in der Mitte des 17. Jahrhunderts, als Seile für die Kupfergruben in Falun aus Ochsenhäuten hergestellt wurden: Im Bergwerk einflussreiche Deutsche sollen dafür gesorgt haben, dass das anfallende Rindfleisch zu Wurst verarbeitet wurde – dies, heißt es, sei der Ursprung der heutigen Falukorv.

Falukorv

Für 4 kg Grundmasse

1.800 g Rindfleisch, nicht zu
    mager, gerne Hochrippe
600 g mageres Schweinefleisch
600 g Schweinespeck
1.000 g Eisschnee

Gewürze

88 g Meersalz
50 g Zwiebeln, gehackt und in
    Butter angeschwitzt
16 g weißer Pfeffer, fein gemahlen
8 g Senfpulver, z. B. Colman's
8 g Ingwer, gemahlen

Beilagen

In Sauce gegarter Blumenkohl
(s. S. 99)

1. Speck und Fleisch parieren, zerkleinern und auf die richtige Temperatur bringen: Der Speck soll gefroren, das Fleisch nur angefroren sein. Die Teile des Fleischwolfs im Gefrierschrank kühlen.

2. 4 m Mitteldarm oder Butte vom Rind mindestens 2 Std. lang handwarm wässern. Mehrfach mit Wasser spülen.

3. Den Darm in geeignete Stücke schneiden (mit mind. 10 cm Zugabe für die Knoten), jeweils ein Ende mit einem festen Knoten verschließen.

4. Zwiebeln, Fleisch und Speck im ersten Durchgang mittelgrob bis fein wolfen, danach in den Froster stellen.

5. Die angefrorene Masse gründlich mit dem Salz vermengen, danach das Eis untermischen.

6. Das Ganze im zweiten Durchgang mit der feinsten Lochscheibe mahlen.

7. Die Masse in der Knetmaschine mind. 7 Min. lang auf mittlerer Stufe kneten, dabei die restlichen Gewürze hinzufügen.

8. Füllrohr an Handfüller oder Wolf montieren, die Wurstmasse bis zur Mündung pressen. Je einen Darmabschnitt auf das Füllrohr ziehen, stramm mit Brät füllen, gut schließen. Hinter dem Knoten eine Schlinge aus Wurstgarn befestigen.

9. Die Würste an Räucherstäbe hängen und ihre Oberfläche – je nach verfügbarer Zeit – im Kühlschrank, bei Zimmertemperatur oder bei 50 °C trocknen lassen.

10. Würste heißräuchern bei 82 °C für 2 Std.

11. Abhängig von der Temperatur des Rauchs und je nachdem, welche Temperatur die Wurst anfänglich hat, wird sie 10–40 Min. lang gebrüht, bis die Kerntemperatur von 68 °C erreicht ist.

12. Verzehren Sie die Wurst sofort oder kühlen Sie sie in Eiswasser ab. Wie jede andere Fleischwurst kann man sie kalt essen, als Ganzes im Ofen aufgewärmt oder in Scheiben geschnitten und gebraten – mit Ketchup, Senf und Gurken sogar als Einlage zwischen Hamburgerbrötchen!

In Frankfurt ausgebildet, ging Johann Georg Lahner (1772–1845) nach Wien und begann Würstchen herzustellen, die er Frankfurter nannte (und die, anders als die deutschen Frankfurter Würstchen, Rindfleisch enthielten). Später auch als Wiener Wurst bezeichnet, etablierte sie sich mit den Auswanderern in Amerika und änderte ihren Namen in »frank« oder, so sie im Brötchen serviert wurde, »hot dog«.

Hier ist meine Bearbeitung eines Rezepts aus Carl Frisks *Handbok för charkuterister* (»Handbuch für Fleischer«) von 1940. In Schweden degenerierte diese Wurst sowohl in Bezug auf ihren Inhalt als auch auf ihren Namen – bis keiner mehr wusste, woraus eigentlich bestand, was alle »Warme Wurst« nannten. Inzwischen bestellen wir einfach »eine Gekochte mit Brot«.

Frankfurter oder Wiener Würstchen

Für 2 kg Grundmasse (30–40 Würstchen)

1.200 g Kalb- oder Rindfleisch
200 g mageres Schweinefleisch
200 g Schweinespeck
400 g Eisschnee

Gewürze

40 g Meersalz
6 g weißer Pfeffer, gemahlen
1,6 g Ingwer, gemahlen
1,6 g Muskatnuss, gemahlen
0,6 g Kardamom, gemahlen

Beilagen

Brunkans Hot-Dog-Brötchen und Senf (s. S. 100)
und evtl. Sauerkraut (s. S. 102)

1. Speck und Fleisch parieren, zerkleinern und auf die richtige Temperatur bringen: Der Speck soll gefroren, das Fleisch nur angefroren sein. Die Teile des Fleischwolfs im Gefrierschrank kühlen.

2. 8–9 m Lammsaitling 2 Std. lang handwarm wässern. Mehrfach mit Wasser spülen.

3. Fleisch und Speck im ersten Durchgang fein mahlen, danach in den Froster stellen.

4. Die angefrorene Masse gründlich mit dem Salz vermengen. Eisschnee untermischen.

5. Das Ganze im zweiten Durchgang mit der feinsten Lochscheibe mahlen.

6. Die Masse in der Knetmaschine mind. 7 Min. lang auf mittlerer Stufe kneten, dabei die restlichen Gewürze hinzufügen.

7. Füllrohr an Wolf oder Handfüller montieren, Saitling aufziehen und das Brät bis zur Mündung pressen. Den Darm vorne verknoten, nicht zu fest befüllen und zum Schluss das andere Darmende verknoten.

8. Würstchen von 20 cm Länge abdrehen: Mit Daumen und Zeigefinger der einen Hand vom Ende her eine Wurstlänge abklemmen und von hier aus mit der anderen Hand eine weitere; die so bemessene Wurst nach vorn drehen. Die nächste Wurstlänge mit den Händen abmessen und fortsetzen wie zuvor.

9. Die Würstchen über Stäbe hängen und abtrocknen lassen, gern bei 50 °C. Dann 1 Std. lang bei 80 °C heißräuchern, bzw. bis die Kerntemperatur erreicht ist.

10. Die Würstchen 15 Min. lang in Wasser von ca. 75 °C brühen. Wenn sie direkt gegessen werden sollen, können Bier, Lorbeerblätter und Pfefferkörner in den Sud gegeben werden. Andernfalls die Wurst in Eiswasser abkühlen und tiefkühlen.

11. Vor dem Essen die Würstchen in 80 °C heißem Wasser nicht länger als 10 Min. aufwärmen.

Weißwurst wird traditionell im eigenen Sud zum Frühstück oder zu Mittag serviert und mit der Hand gegessen. Dazu gibt es eine frische Laugenbreze und bayerischen süßen Senf, häufig auch ein Weißbier. Ich mag es, die Wurst in einer guten Bouillon ziehen zu lassen, die man austrinken kann, bevor es an die Wurst geht. Falls Sie ihn selbst machen wollen: Der bayerische Senf ist süß und manchmal mit Nelken abgeschmeckt.

Laut Original-Rezept gehören ins Brät auch 15 % gekochtes Fleisch vom Kalbskopf, aber ich denke, das können wir unberücksichtigt lassen, bis Kalbsköpfe zum üblichen Warenangebot in den Fleischtheken zählen.

EIN EIGENES VERB

Diese Wurst ist ein Klassiker in Süddeutschland und hat sogar zur Bildung eines Verbs geführt, das beschreibt, wie man die Wurst aus der Haut heraus isst: Die Enden aufzubeißen und dann den Inhalt herauszusaugen, wird als »zuzeln« bezeichnet. Mir ist aufgefallen, dass es wirklich eine gute Idee ist, die Hülle bei dieser Wurst nicht mitzuessen, aber ich schneide sie gewöhnlich der Länge nach auf und stülpe das Brät heraus.

Weißwurst

Für 2 kg Grundmasse (ca. 16 Würste)

850 g Kalbfleisch
650 g Schweinespeck
500 g Eisschnee

Gewürze

39 g Meersalz
20 g glatte Petersilie, fein gewiegt
5,9 g weißer Pfeffer, gemahlen
5,9 g Senfpulver, z. B. Colman's
3 g Schale von Bio-Zitronen, gerieben
2 g Mazis, gemahlen

1. Speck und Fleisch parieren, zerkleinern und auf die richtige Temperatur bringen: Der Speck soll gefroren, das Fleisch nur angefroren sein. Die Teile des Fleischwolfs im Gefrierschrank kühlen.
2. 4,5 m Bratdarm 2 Std. lang handwarm wässern. Mehrfach mit Wasser spülen.
3. Fleisch und Speck im ersten Durchgang mit der feinsten Lochscheibe mahlen, danach in den Froster stellen.
4. Die angefrorene Masse gründlich mit dem Salz vermengen, danach das geschrotete Eis untermischen.
5. Das Ganze im zweiten Durchgang noch einmal durch die feinste Lochscheibe wolfen.
6. Die Masse in der Knetmaschine mind. 7 Min. lang auf mittlerer Stufe kneten, dabei die restlichen Gewürze hinzufügen.
7. Das Füllrohr am Wolf oder am Handfüller montieren, den Bratdarm aufziehen und das Brät bis zur Mündung pressen. Den Darm

vorne durch einen Knoten schließen und (nicht zu fest) mit der Masse befüllen. Am Schluss das andere Darmende ebenfalls verknoten.
8. Würste von 12 cm Länge abdrehen: Mit Daumen und Zeigefinger der einen Hand vom Ende her eine Wurstlänge abklemmen und von hier aus mit der anderen Hand eine weitere; die so bemessene Wurst nach vorn drehen. Die nächste Wurstlänge mit den Händen abmessen und fortsetzen wie zuvor.
9. Die gesamte Wurstkette in 75 °C heißem Wasser ca. 25 Min. brühen, bzw. bis eine Kerntemperatur von 65–68 °C erreicht ist – je niedriger, umso saftiger die Wurst.
10. Sofort essen oder in Eiswasser abkühlen, dann im Kühl- oder Gefrierschrank lagern. Die Würste können in siedendem Wasser oder in Bouillon aufgewärmt werden.

Dies ist genau genommen eine Variante des Weißwurst-Rezepts auf der Vorseite. Ich möchte damit zeigen, wie einfach es ist, Brühwürsten aus dem Stegreif neue Aromen oder auch grobe Einlagen hinzuzufügen. In Frankreich ist weiße Wurst mit Stückchen von Schinken oder Gänseleber, Beeren oder Nüssen nicht unüblich und wird gerne zu den Feiertagen um Weihnachten und Neujahr gegessen.

Die Pistazien verleihen der Wurst einen intensiv nussigen Geschmack. Dies und der relativ hohe Fettgehalt machen sie zum idealen Begleiter von Hülsenfrüchten und sehr säuerlichen Beilagen. Falls Sie für dieses Rezept Sommertrüffel aus dem Glas verwenden, müssen Sie das Aroma durch mehrere Tropfen Trüffelöl unterstützen.

TRÜFFELN

Trüffeln waren zu früheren Zeiten eine ganz gewöhnliche Zutat, wohl weil sie wesentlich häufiger und günstiger waren als heutzutage. Viele Sorten werden angeboten, die billigste ist die nicht besonders aromatische eingekochte Sommertrüffel (Tuber aestivum). Frische Gotland-Trüffeln, ebenfalls Tuber aestivum, haben dagegen einen sehr schönen und kräftigen Trüffelgeschmack.

Kalbswurst
mit Trüffeln und Pistazien

Für 2,6 kg Grundmasse (ca. 25 Würste)

1.200 g mageres Kalbfleisch
800 g Schweinespeck
600 g Eisschnee

Gewürze

40 g Pistazien, geschält
25 g Trüffel, gerne frische Gotland-Trüffeln
40,8 g Salz
evtl. einige Tropfen Trüffelöl

Beilagen

Belugalinsen mit Rettichnest (s. S. 101)

1. Speck und Fleisch parieren, zerkleinern und auf die richtige Temperatur bringen: Der Speck soll gefroren, das Fleisch nur angefroren sein. Die Teile des Fleischwolfs im Gefrierschrank kühlen.
2. 5 m Bratdarm 2 Std. lang handwarm wässern. Mehrfach mit Wasser spülen.
3. Die Pistazien 2 Min. in kochendem Wasser blanchieren und die Häutchen entfernen. Die Trüffeln hacken.
4. Fleisch und Speck im ersten Durchgang mit der feinsten Lochscheibe mahlen, danach in den Froster stellen.
5. Die angefrorene Masse gründlich mit dem Salz vermengen, danach den Eisschnee untermischen.
6. Das Ganze im zweiten Durchgang noch einmal durch dieselbe Lochscheibe wolfen.
7. Die Masse in der Knetmaschine mind. 7 Min. lang auf mittlerer Stufe kneten. Pistazien und Trüffel erst ganz zum Schluss zugeben.

8. Das Füllrohr am Wolf oder am Handfüller montieren, den Bratdarm aufziehen und das Brät bis zur Mündung pressen. Den Darm vorne durch Knoten schließen und (nicht zu fest) mit der Masse befüllen. Zum Schluss das andere Darmende ebenfalls verknoten.
9. Würste von 12 cm Länge abdrehen: Mit Daumen und Zeigefinger der einen Hand vom Ende her eine Wurstlänge abklemmen und von hier aus mit der anderen Hand eine weitere; die so bemessene Wurst nach vorn drehen. Die nächste Wurstlänge mit den Händen abmessen und fortsetzen wie zuvor.
10. Die gesamte Wurstkette in 75 °C heißem Wasser ca. 25 Min. brühen, bzw. bis eine Kerntemperatur von 65–68 °C erreicht ist – je niedriger, umso saftiger die Wurst.
11. Sofort verzehren oder in Eiswasser abkühlen, dann im Kühl- oder Gefrierschrank lagern. Die Würste können in siedendem Wasser aufgewärmt werden.

Boudin Noir

Blutwurst ist wohl die ursprünglichste aller Würste. Jede Kultur hat ihre eigene Variante – in Frankreich heißt sie Boudin Noir, in Schweden Blutpudding. Dazu verlangte ich als kleiner Junge Erdbeermarmelade (für die Erwachsenen ebenso inakzeptabel wie der Umstand, dass ich die Gabel in der rechten Hand hielt), heute sind es kaltgerührte Preiselbeeren. Allerdings nicht zu dieser Wurst, denn zum Boudin Noir gehören in Butter geschwenkte Äpfel.

Nie wäre ich auf den Gedanken gekommen, Blutwurst selbst herzustellen, aber jetzt muss ich alle Rezepte ausprobieren. Dieses hier ist eine Bearbeitung nach dem wunderbaren Buch *Charcuterie*, und mit einer Wurst auf dieser Grundlage – aromatisiert mit Brandy – habe ich 2010 bei der Schwedischen Meisterschaft im Lebensmittelhandwerk die Silbermedaille in der Kategorie »Wärmebehandelte Wurst« gewonnen.

Die Herstellung von Boudin Noir unterscheidet sich in praktisch jeder Hinsicht von der einer Standard-Brühwurst – fraglich, ob sie überhaupt zu den Brühwürsten zählen sollte. Lesen Sie also das Rezept aufmerksam, bevor Sie mit der Arbeit beginnen. Auch die Haltbarkeit bildet eine Ausnahme: Die Blutwurst sollte vorzugsweise innerhalb von fünf bis sechs Tagen gegessen werden, eingefroren hält sie sich aber zwei Monate. Das Blut müssen Sie sehr rechtzeitig bei Ihrem Händler bestellen, geliefert wird es vermutlich gefroren im 1-Liter-Eimer. Schweineblut kann nicht durch Rinderblut ersetzt werden.

Sie benötigen einen großen Trichter mit einem Rohr, dessen Durchmesser ungefähr der verwendeten Wursthülle entspricht und außerdem weit genug ist für Speck- und Apfelwürfel. (Ich verwende einen Einfülltrichter für Motoröl.) Das ziemlich zeitaufwendige Würfeln des Specks erledigt man günstigerweise schon am Vorabend. Dabei erleichtert man sich das Schneiden, indem man halbgefrorenen Speck verwendet.

**Für 3,58 kg Grundmasse
(8 Würste)**

1.000 g Schweineblut
900 g Schweinespeck, klein
  gewürfelt
900 g Zwiebel, fein gehackt
320 g feste, säuerliche Äpfel,
  klein gewürfelt
250 g Sahne
140 g Eier (2 große oder 3 kleine)
70 g Butter

Gewürze

60 g Brandy, Calvados oder
  anderer Branntwein
45 g Meersalz
6 g weißer Pfeffer, gemahlen
6 g Kerbel, getrocknet
6 g Schnittlauch, frisch oder
  gefroren, fein gewiegt
4 g Quatre Épices

Beilagen

Wurzelgemüse und in Butter
geschwenkte Apfelspalten
(s. S. 101)

1. 8 m Bratdarm 2 Std. lang handwarm
wässern. Den Darm mehrfach mit Wasser
spülen, in Stücke von 60 cm schneiden
und jeweils ein Ende fest verknoten.
2. Die Speckwürfel 20 Min. in Wasser köcheln lassen, dann im Durchschlag abtropfen
lassen und in einer Schale beiseitestellen.
3. In der Hälfte der Butter die Zwiebeln bei
schwacher Hitze glasig anschwitzen (nicht
bräunen). Mit dem Speck mischen.
4. In der restlichen Butter die Apfelwürfel bei
mittlerer Hitze anschwitzen, bis sie weich
werden. Die Hitze steigern, den Alkohol
zusetzen und kochen, bis er verdampft ist.
Die Apfelwürfel zu Speck und Zwiebeln in
die Schale geben und abkühlen lassen. Vor
dem nächsten Schritt alles im Kühlschrank
durchkühlen.
5. Sahne und Eier in einer großen, alle Zutaten fassenden Schüssel sehr gründlich ver-
rühren. Das Blut durch ein Sieb hineinlaufen
lassen, die restlichen Gewürze zugeben und
zum Schluss die gekühlte Mischung aus
Speck, Zwiebeln und Äpfeln vorsichtig unterheben.

6. Das Ende eines Darmabschnitts auf das
Einlaufrohr des Trichters ziehen. Den Brei
mit der Schöpfkelle nach und nach in den
Trichter füllen, zwischendurch die festen
Bestandteile mit einem Kochlöffelstiel o. Ä.
hinunterstoßen. Den gefüllten Darm mit
einem festen Knoten schließen, zum Ring
formen und die Enden zusammenknoten.
Fortfahren, bis das Brät aufgebraucht ist.
7. Die Würste 20–30 Min. bei 76 °C in Wasser brühen, bis sie fest sind und beim Anstechen kein Blut, sondern braune Flüssigkeit
austritt.
8. Blutwurst sofort essen oder auf einem
Gitter erkalten lassen und dann im Kühlschrank durchkühlen. Vor dem Servieren bei
175 °C im Ofen erwärmen.

Quatre Épices (Vier Gewürze)

40 g schwarze Pfefferkörner
8 g Muskatnuss
6 g Zimt
6 g Nelken

Die Gewürze mahlen und mischen.

Rohwurst

Salami, *saucisson sec*, fermentierte Wurst oder Luftgetrocknete – wie man sie nennt, hängt davon ab, welchen Aspekt der Rohwurst man unterstreichen möchte. Im Grunde geht es um eine Methode, Fleisch lange haltbar zu machen. Haltbar bedeutet, dass es nicht gesundheitsgefährdend sein darf, die Wurst zu essen, aber gut schmecken soll sie nach längerer Dauer auch noch. Die Würste in diesem Kapitel sind in der eigenen Küche schwieriger herzustellen als die zuvor beschriebenen. Ein gutes Resultat setzt ein umfassenderes Verständnis dessen voraus, was in der Wurst geschieht, daher folgt hier eine detaillierte Darstellung der Prozesse.

Es kann sein, dass es Ihnen ausgesprochen kompliziert erscheint, luftgetrocknete Rohwurst selbst zu machen, aber ich beschreibe die optimalen Bedingungen, nicht absolute Notwendigkeiten, ohne die Ihre Salami nicht gelingen kann.

Mein Lehrmeister, Jürgen Körber, Metzgerei-Leiter auf dem ökologischen Gut Herrmannsdorfer Landwerkstätten bei München, betont stets, dass ganz einfache Mittel völlig ausreichen, wenn man improvisiert und Bedingungen schafft, die den optimalen nahe kommen. Zum Beispiel kann man die Würste in einen Schrank hängen und die Tür öffnen, um die Luftfeuchtigkeit zu senken, oder eine Schale Wasser hineinstellen und die Tür schließen, um die Luftfeuchtigkeit zu erhöhen.

Lassen Sie sich also nicht abschrecken, wenn die Beschreibungen sehr technisch wirken, sondern aktivieren Sie Ihre Fantasie auf der Suche nach eigenen Lösungen. Manchmal geht etwas schief. Aber wenn die eigene luftgetrocknete Rohwurst gelungen ist, ist die Befriedigung immens.

Alle Bakterien, ob sie unserer Gesundheit dienen oder schaden, brauchen Wasser, um zu leben und sich zu vermehren. Die Konservierung einer luftgetrockneten Wurst beruht darauf, das frei verfügbare Wasser so weit zu reduzieren, dass nur wenige schädliche Mikroorganismen überleben können. Die freie Wassermenge entspricht aber nicht dem Wassergehalt, denn Wasser kann auch gebunden vorliegen, z. B. durch Salz, und steht den Bakterien so nicht zur Verfügung.

Die verfügbare Wassermenge wird als Wasseraktivität (a_w) mit einem Wert zwischen 0 und 1 angegeben. Frisches Fleisch etwa hat einen a_w-Wert von ca. 0,99. Wenn bei einer luftgetrockneten Wurst ein Wert von 0,94–0,93 erzielt wurde, ohne dass sich gefährliche Mikroorganismen ansiedeln konnten, spricht man von einem stabilen Produkt – danach geht es eigentlich nur noch darum, den Geschmack herauszubilden.

Doch der Marsch zur Wegmarke 0,93 beginnt bereits, lange bevor sich Hülle und Brät begegnen – noch ehe die Zutaten selbst ihr irdisches Leben beendet haben. Und da sich hier alles darum dreht, den Wassergehalt der Wurst auf schnellstem Wege zu senken, lohnt es sich, einige Fakten zu kennen, die damit in Zusammenhang stehen.

DIES IST ZU BEACHTEN

In den folgenden allgemeinen Erläuterungen zur Herstellung luftgetrockneter Wurst ist Sicherheit der zentrale Aspekt. Abweichungen von diesem Schema sind natürlich denkbar, doch für einen gelungenen Einstieg sollten Sie diese einfachen Maßnahmen beherzigen – besonders, falls Sie beschlossen haben, eine Salami ganz ohne Pökelsalz herzustellen. Dünne Wurst, deren Oberfläche sich zum Volumen günstig verhält, gelingt leichter, und fein gemahlene Würste sind einfacher zu trocknen als grobe. Das Spannendste ist – wie üblich – eben auch das Schwierigste: Eine richtig dicke, grobe Wurst ohne unnötige Zusätze ist ein Meisterwerk.

Alter des Tiers. Wenn Sie wählen können, nehmen Sie Fleisch von älteren Tieren: Es enthält weniger Wasser.

pH-Wert. Je höher der pH-Wert des Fleisches, umso größer sein Wasserbindungsvermögen – eine Eigenschaft, auf die wir bei Rohstoffen für luftgetrocknete Wurst gerne verzichten, versuchen wir doch alles, um den Wassergehalt zu senken! Bei lebenden Tieren liegt der pH-Wert bei 7,0–7,2. Der Wert sinkt, wenn das Tier stirbt und in den Muskeln der Glykogen genannte Zucker zu Milchsäure abgebaut wird. Gestresste Tiere allerdings verbrauchen vor der Schlachtung mehr Glykogen, entsprechend hoch bleiben pH-Wert und Wasserbindungsvermögen ihres Fleisches. Das lässt sich vermeiden.

Für ein nicht gestresstes Tier gilt, dass der pH-Wert bis zum Eintritt der Totenstarre auf ein Niveau von 4,8–5,0 sinkt. Wenn der *rigor mortis* sich löst, steigt der pH-Wert wieder auf 5,6–5,8 an. Gegebenenfalls beginnt nun, während der pH-Wert weiter klettert, die sog. Reifung, das Mürbewerden. Wenn Sie selbst schlachten und totenstarres Fleisch verarbeiten können, so eignet es sich wirklich ausgezeichnet für die Salamiherstellung. Die Totenstarre dauert beim Schwein ca. 24 Stunden, beim Rind ca. 48 Stunden.

Kühlung. Bringen Sie kaltes Fleisch nicht in warme Räume, denn es wird sonst Kondenswasser von seiner Oberfläche aufnehmen. Arbeiten Sie nach Möglichkeit im Kühlen und bei niedriger Luftfeuchtigkeit.

Unerwünschte Bakterien. Bis ein hinreichend niedriger a_w-Wert erreicht ist, können sich unerwünschte Bakterien vermehren. Der Schutz der Wurst beginnt daher schon vor der Schlachtung: Die Tiere müssen so sauber wie möglich in die Schlachterei kommen. Jäger wissen, wie wichtig das fachgerechte Ausweiden ist, bei dem jeder überflüssige Schnitt vermieden wird, wie auch jeder Kontakt von Magen- und Darminhalt mit dem Schlachtkörper (mit dem Tierkörper, nach Entfernen von Kopf, Innereien und Blut).

Spülen Sie Schmutz niemals mit Wasser vom Schlachtfleisch! Tupfen Sie es stattdessen trocken ab und befeuchten Sie es mit Essig. Hygiene, die persönliche wie die der Arbeitsumgebung, ist beim Fleischzerlegen von größter Wichtigkeit. Stellen Sie zu jeder Zeit sicher, dass Fleisch, bei dem Sie auch nur die leiseste Ahnung einer bakteriellen Belastung haben, unter keinen Umständen zwischen die Zutaten zur Herstellung luftgetrockneter Produkte gerät.

Fett. Beim Zerlegen des Fleisches sollte man versuchen, die Menge des sichtbaren Fetts abzuschätzen – da es nur 10–15 % Wasser enthält (Muskelfleisch dagegen ca. 75 %), hat es ebenfalls Einfluss auf die Wassermenge in der Wurst. Eine fette Wurst sicher zu trocknen ist also einfacher, da der Wasseranteil von Anfang an niedriger ist.

Damit kommen wir zum Wurstbrät. Dessen Fettgehalt liegt meist bei 20–35 %, aber ich habe schon Rezepte gesehen mit einem Fettanteil von nur 10 % – oder auch satten 60 %. Beim Wolfen wie beim Mischen ist es ausschlaggebend, dass das Fett möglichst kalt ist, am besten tiefgefroren (wenn der Fleischwolf leistungsstark genug ist). Man möchte nämlich um jeden Preis verhindern, dass das Fett »schmiert«, d. h., dass es klebrig wird und sich beim Füllen wie eine zweite Haut zwischen Brät und Darm legt. Eine solche Fettschicht verhindert die »Atmung« der Wurst, das Austreten der Feuchtigkeit durch den Darm, und der a_w-Wert kann nicht sinken. Die Temperatur des Fleischanteils darf beim Wolfen um −1 °C betragen; entscheidend ist, dass das Brät am Ende eine Temperatur zwischen −2 und +4 °C hat.

Frische Kräuter. Verwenden Sie für das Brät einer Rohwurst niemals frische Kräuter oder Gewürze, da das Risiko besteht, dass Sie der Wurst Bodenbakterien beimengen. Knoblauch bildet eine Ausnahme.

Salz. Salz dagegen wird in größeren Mengen zugesetzt als bei anderen Wurstsorten, denn es trägt ebenfalls zum Schutz gegen unerwünschte Mikroorganismen bei. Zwischen 24 und 32 g Salz pro Kilo sind üblich: Ein zu geringer Salzgehalt kann die Wurst gefährden, ein höherer gibt mehr Sicherheit. Dünne Würste brauchen weniger Salz als dickere, deren Trocknung länger dauert. Im Unterschied zur Herstellung von Brat- und Brühwürsten wird das Salz bei Rohwürsten zuletzt in die Wurstmasse gegeben, um die Wasserbindung durch die Proteine nicht anzuregen.

Milchsäurebakterien. Solange der a_w-Wert nicht auf ein sicheres Niveau gesunken ist, stellen Milchsäurebakterien die wichtigste Schutzmaßnahme gegen unerwünschte Bakterien in Rohwurst dar: Salz kann ihnen nichts anhaben, sie verbrauchen Zucker, vermehren sich so, dass andere Bakterien zurückgedrängt werden, und produzieren Milchsäure, was den pH-Wert auf ein Level sinken lässt, das den meisten unerwünschten Bakterien nicht

bekommt. So läuft praktisch jede Salamiherstellung darauf hinaus, günstige Lebensbedingungen für Milchsäurebakterien zu schaffen, damit diese sich gegen unerwünschte Bakterien durchsetzen.

Es gibt viele Stämme von Milchsäurebakterien mit jeweils unterschiedlichen Eigenschaften, die man in gefriergetrocknetem Zustand kaufen kann, um sie dem Brät beizumengen. Als Starterkulturen (suchen Sie im Internet ggf. auch nach »starter culture«) mischt man sie zusammen mit dem Zucker, von dem die Bakterien leben sollen, unter das jeweils magerste Fleisch für eine Wurst. 30–40 % des zugesetzten Zuckers sollten immer aus Einfachzucker bestehen, z. B. Traubenzucker, den die Milchsäurebakterien unmittelbar aufnehmen können, der Rest aus Zwei- oder Mehrfachzuckern.

Den pH-Wert senken. Sobald die Därme mit Brät gefüllt sind, gilt es, die besten Voraussetzungen dafür zu schaffen, dass die Wurst zügig Wasser verlieren kann und der a_w-Wert auf 0,94–0,93 sinkt (von 0,98–0,97 der frisch gefüllten Wurst), bevor sie von unerwünschten Mikroorganismen besiedelt wird.

Um dies zu erreichen, muss die Wurst in einem Klima hängen, das für Leben und Vermehrung der Milchsäurebakterien so förderlich wie möglich ist. Die Aktivphase – wie dieser Abschnitt zu Beginn der Rohwurstreifung heißt – erfordert üblicherweise eine Temperatur von 18–28 °C. Das erste Etappenziel, dass die Wurst innerhalb von 30 Stunden einen pH-Wert von 5,4 erlangt: Er belegt, dass die Milchsäurebakterien begonnen haben, den Zucker abzubauen.

Könnte man auch meinen, dass für die Trocknungsphase ein besonders trockenes Klima mit starker Luftumwälzung angestrebt wird, so ist das Gegenteil der Fall: Wie abgesetztes Fett schließt auch eine allzu schnell getrocknete Wurstoberfläche die Feuchtigkeit ein. Es muss

- frische Rohstoffe
- gute Hygiene
- schnelle Absenkung des pH-Werts
- niedriger Gehalt an freiem Wasser
- richtige Temperatur

daher eine Luftfeuchtigkeit gegeben sein, die nur knapp unter der Feuchtigkeit der Wurst selbst liegt und auf diese Weise einen Ausgleich zwischen der Wurst und der umgebenden Luft erlaubt, ohne dass die Wurstoberfläche austrocknet.

Luftfeuchtigkeit. Während der ersten 30 Stunden muss die relative Luftfeuchtigkeit (rF) bei 85–95 % liegen. Aber auch dies ist ein Balanceakt: Auf zu feuchter Oberfläche gedeihen schleimbildende Bakterien nur zu gut und verleihen der Wurst einen unangenehmen Geschmack. Die Wurstoberfläche muss man also während der Reifung aufmerksam im Auge behalten, die Luftfeuchtigkeit ggf. anpassen oder die Wurst an eine andere Stelle hängen. Bildet sich dennoch Schleim, wischt man ihn mit Essigwasser ab.

Wenn kein klimatisierter Reiferaum, weder Luftbe- und -entfeuchter, Heizlüfter noch Ventilator zur Verfügung steht, improvisiert man: Die Luftfeuchtigkeit lässt sich in jedem beliebigen kleinen Schrank drastisch verändern, indem man einfach die Tür unterschiedlich weit öffnet oder ganz schließt, viele oder nur wenige Würste in einen Schrank hängt oder ein Schälchen warmes Wasser hineinstellt.

Ausgezeichnet eignen sich hierfür kleine Kühlschränke. Die Temperatur kontrolliert ein sogenannter Temperaturwächter, den man zwischen Kühlschrank und Stromnetz schaltet und in den Schrank hineinlegt, die Luftumwälzung (nicht über 0,4 m/s) kann der Lüfter aus einem Computergehäuse übernehmen. Beide Geräte sind im Technikhandel erhältlich. Die Luftfeuchtigkeit ist abhängig von Anzahl und Atmung der Würste im Schrank, lässt sich aber einfach regulieren: Durch einen großen Teller mit Salzwasser auf dem Boden des Schranks steigt sie, und sinkt, wenn man gelegentlich die Tür öffnet.

Die Wärme reduzieren. Sobald die Wurst einen pH-Wert von 5,4 erreicht hat, kann man beginnen, die Temperatur um 2 °C je Tag zu senken. Die rF muss 80–90 % betragen und kann täglich um 2 Prozentpunkte gesenkt werden. Jetzt kann man die Tätigkeit der Milchsäurebakterien an dem säuerlichen Duft der Würste erkennen.

Fassen Sie bei Kontrollen während dieser Phase immer nur ein und dieselbe Wurst an, damit nicht alle mit Bakterien von den Händen verunreinigt werden. Die Wurst sollte jetzt eine seidige Oberfläche haben und die Luftumwälzung kann nach ca. 24 weiteren Stunden auf 0,8–1,2 m/s gesteigert werden.

Die Wurst wird schnittfest. Innerhalb etwa einer Woche – je nachdem, welche Starterkultur eingesetzt wurde – muss die Temperatur bei 10–14 °C und der pH-Wert bei 5,3–5,0 liegen. Die traditionellen, süßlichen italienischen und ungarischen Salami unterschreiten selten einen Wert von 5,3, doch die säuerlicheren deutschen Sorten können durchaus bis auf 5,0 fallen. Weiter darf der pH-Wert nicht sinken, denn er lässt sich kaum wieder anheben und die Salami wird allzu säuerlich im Geschmack. Bei einem pH-Wert von 5,3 gerinnt ein großer Teil der Fleischproteine, wobei die Wurst das meiste Wasser verliert.

Falls man kein pH-Messgerät hat, lässt sich der auf 5,3 gesunkene pH-Wert daran erkennen, dass die Wurst schnittfest geworden ist: Schneidet man eine Scheibe ab, bleibt die Schnittfläche glatt und dicht.

Gewichtsverlust. Der a_w-Wert, den man ohne teure Apparate nicht messen kann, muss mittlerweile unter

0,95 liegen, für die Bakterien wird die Vermehrung nun zusehends schwieriger. Bei einem Verlust von rund 12 % des Ursprungsgewichts kann man gut und gerne davon ausgehen, dass dieser Punkt erreicht ist. Vergessen Sie also nicht, eine der Würste (jeder Sorte und Größe) zu wiegen, bevor Sie sie zum Trocknen aufhängen. Wie der sinkende pH-Wert bei einsetzender Aktivität der Milchsäurebakterien, so ist der genannte Gewichtsverlust ein sog. kritischer Kontrollpunkt in den Plänen der obligatorischen Selbstkontrolle professioneller Salamihersteller.

Zucker macht sauer. Sollte nun der pH-Wert weiter sinken, liegt der Fehler eher darin, dass die Wurstmasse zu viel Zucker enthält, als dass die Starterkultur falsch ausgewogen wurde: Die Menge der Milchsäurebakterien bestimmt zwar, wie schnell der pH-Wert sinkt, doch solange die Bakterien Zucker vorfinden, wird die Milchsäureproduktion andauern. Jetzt ist es jedoch an der Zeit, dass sie absterben, denn sie haben ihre Aufgabe erfüllt: Die Wurst ist sicher und Sie haben ein stabiles Produkt erzeugt.

Schimmel. Während der anschließenden Nachreifephase, sind noch 70–80 % rF nötig. Halten Sie sich an den höheren Wert, wenn Sie die Ausbildung einer Schimmelkultur begünstigen wollen, die Sie möglicherweise zuvor durch Sprühen oder Tauchen aufgebracht haben. Solche Kulturen – die gleichen, die man auch für Weißschimmelkäse verwendet – bekommt man meistens bei ebenden Händlern, die auch Starterkulturen verkaufen. Vielleicht hat sich aber auch zufällig ein wilder Schimmel auf die Salamioberfläche gesetzt, den Sie erhalten wollen. 82 % rF sollten besser nicht überstiegen werden, denn die Toxine, die in seltenen Fällen von manchen dieser Schimmelpilze erzeugt werden, entstehen hauptsächlich bei hoher Luftfeuchtigkeit.

Schimmel schützt die Wursthülle vor Bakterienbefall, reguliert die Luftfeuchtigkeit auf der Wurstoberfläche und verbessert den Geschmack – bekommen Sie also keinen Schreck, wenn Ihre Salami schimmelt: Das ist ganz normal. Wollen Sie den Schimmel aber entfernen, tränken Sie ein Tuch mit Wein oder Essig und wischen die Wurst damit ab. Auch wenn Sie sie kurz in den Kaltrauch hängen, wird die Oberfläche für Schimmelpilze zu unwirtlich.

Nachreife. Für die Wurst beginnt also die Nachreifephase, bei Temperaturen zwischen 10 und 14 °C. Der pH-Wert steigt nun wieder an, und wenn er am Wendepunkt 5,3 betrug, kann er nun bis 6,0 klettern und zu einem abgerundeten, lieblichen Geschmack beitragen. Die Wurst wird pro Woche 1–3 % ihres ursprünglichen Gewichts verlieren. Eine gewisse Menge Wasser muss während der Nachreifung dennoch erhalten bleiben, damit durch fortgesetzte Fermentierungsprozesse und Fettabbau die komplexeren Aromen ausgebaut werden können.

Ziel. Sie können annehmen, dass Ihre Wurst fertig getrocknet ist, wenn sie 30–40 % ihres Ursprungsgewichts verloren und einen a_w-Wert um 0,86 erreicht hat, doch welche Konsistenz sie haben soll, bestimmen Sie selbst. Vakuumverpackt und gekühlt ist sie länger als ein Jahr haltbar. Schimmelsalami wird stattdessen in Papier einschlagen, hält sich aber ähnlich lange.

Die Salami auf dem Foto ist schnittfest, aber noch nicht ausgereift. Ein schöner Weißschimmel beginnt sich auf der Hülle auszubreiten, obwohl ich sie mit Weinessig gereinigt habe. Als die Wurst zwei Monate später fertig gereift war, hatte sie Duft und Geschmack perfekt entwickelt.

So macht man Rohwurst

1. Das Fleisch auswählen

Fleisch für Rohwurst muss so frisch wie irgend möglich sein, um die Bakterienbelastung minimal zu halten, und nur wenn die Tiere vor der Schlachtung nicht gestresst sind, hat ihr Fleisch einen günstigen pH-Wert.

Versuchen Sie, Fleisch von älteren Tieren zu bekommen (es hat von vornherein einen niedrigeren Wassergehalt und es ist fester), und verarbeiten Sie kernigen Speck, denn schmieriges Fett in der fertigen Wurst bereitet keinen Genuss.

2. Das Fleisch parieren und zerkleinern

Entfernen Sie weiches Fett und alle sichtbaren Sehnen, ggf. auch Blutflecken und Drüsen. Verwenden Sie niemals Fleisch, bei dem der leiseste Verdacht auf Kontamination mit Bakterien besteht. Fleisch, das schmiert oder muffig riecht, gehört nicht in eine Salami. Schneiden Sie Fleisch und Speck in nicht zu große Stücke, die sich gut durch den Wolf drehen lassen.

3. Fleisch, Speck und Geräte kühlen

Legen Sie Fleisch und Speck in den Gefrierschrank, z. B. auf einem Blech verteilt, sodass die Stücke nicht aneinander festfrieren. Verfügen Sie über einen leistungsstarken Fleischwolf, frieren Sie den Speck schon am Vortag ein, denn er sollte am besten ganz gefroren sein. Die Fleischstücke haben idealerweise 1 °C, dafür braucht nur ihre Oberfläche anzufrieren.

Kühlen Sie auch so viele der losen Teile von Fleischwolf und Knetmaschine im Gefrierschrank, wie Sie unterbringen können.

4. Gewürze und Zusätze abwiegen

Verarbeiten Sie niemals frische Kräuter, Gemüse oder Früchte in einer Rohwurst! Knoblauch ist die einzige Ausnahme. Wiegen Sie die Gewürze sorgfältig und halten Sie sich bei den ersten Versuchen genau an das Rezept. Wenn Sie improvisieren, können Ihnen die Angaben in der Gewürzliste auf S. 16 helfen. Sorgen Sie dafür, dass alle Zutaten abgewogen sind, ehe Sie fortfahren.

5. Fleisch und Speck wolfen

Die Starterkultur wird in etwa einem Esslöffel Wasser ausgerührt (da Chlor die Milchsäurebakterien abtöten kann, verwenden Sie nur abgekochtes und abgekühltes Wasser) und zusammen mit den Gewürzen – außer Salz – auf dem magersten Fleisch verteilt. Wolfen Sie dieses Fleisch zuerst, den Speck zuletzt.

6. Die Wurstmasse mischen

Mischen Sie Fleisch und Speck mit den Händen oder in einer Knetmaschine auf niedrigster Stufe. Das Salz geben Sie erst hinzu, wenn Fleisch und Speck gleichmäßig vermengt sind. Bearbeiten Sie das Brät nicht übermäßig stark, es soll nur binden.

7. Die Därme füllen

Das Füllen der Därme kann mithilfe des Fleischwolfaufsatzes einer Küchenmaschine geschehen – ohne Kreuzmesser und Lochscheibe – oder mit einem Handfüller. Montieren Sie an Fleischwolf oder Handfüller ein Füllrohr, das in der Größe zum Kaliber des Darms passt, und ziehen Sie den Darm darauf.

Pressen Sie das Brät bis zur Mündung des Füllrohrs, halten Sie die Maschine an, ziehen Sie das Darmende etwas vor und verknoten Sie es. Füllen Sie nun den Darm bis zu der Länge, die sich für die gewünschte Wurst eignet – für eine gerade Salami, einen Ring oder ein Paar –, dann schneiden Sie den Darm ab und verknoten das Ende.

Um Lufteinschlüsse zu vermeiden, in denen sich Bakterien entwickeln könnten, soll Rohwurst so stramm wie möglich gestopft werden, wobei aber der Darm nicht reißen darf. Dickere Würste, in denen man das Brät zum Schluss noch zusätzlich verdichten möchte, kann man wie einen Braten kräftig mit Schnur umwickeln (s. Foto S. 95)

8. Die Wurst ins Kühle hängen – Schwitz- oder Angleichphase

Die Wurst soll kühl hängen, während sich das kalt verarbeitete Brät allmählich erwärmt. Jetzt bildet sich Kondenswasser auf der Hülle: Wenn die nicht mehr »schwitzt«, ist die Temperaturangleichung abgeschlossen.

9. Die Wurst ins Warme bringen – Aktivphase

Während der Aktivphase werden die Würste in wärmeres Klima gehängt, um die Milchsäurebakterien zu aktivieren. Nach höchstens 30 Stunden muss der pH-Wert bei 5,4 liegen – dann können Sie sicher sein, dass die Richtung stimmt.

10. Die Luftfeuchtigkeit absenken – Trocknungs- oder Reifephase

Während der Trocknungsphase wird die Temperatur wieder abgesenkt, um einige Grad pro Tag. Versuchen Sie außerdem, die relative Luftfeuchtigkeit um einige Prozent am Tag zu reduzieren. Am Ende dieser Phase sollte der pH-Wert nicht unter 5,0 liegen: Die Milchsäurebakterien haben nun allen Zucker umgesetzt und sterben ab.

11. Die Wurst ruhen lassen – Nachreifephase

Die Wurst soll nun ihr Aroma entwickeln und darf dazu – je nach Sorte – bis zu sechs Monate lang bei Temperaturen zwischen 2 und 14 °C nachreifen.

EINE SALAMI WIEDER VERSCHLIESSEN

Wenn Sie beim Anschneiden feststellen, dass Ihre Salami noch nicht ganz fertig gereift ist, können Sie sie auf diese Weise wieder verschließen:

1. Lassen Sie Schweinespeck oder -schmalz bei schwacher Hitze aus und seien Sie es ab.
2. Rühren Sie Weizenmehl darunter, bis die Masse plastisch formbar ist.
3. Streichen Sie die Mischung auf die Schnittfläche und ein wenig um die Kante herum.

Luftgetrocknete italienische Schinken pflegt man auf diese Weise zu verschließen, wo sie nicht von Schwarte bedeckt sind, um einen zu großen Feuchtigkeitsverlust während der Nachreifung zu verhindern. Der Masse wird mitunter noch schwarzer Pfeffer zugegeben.

Dies ist eine schmackhafte Wurst, die leicht gelingt und schon nach nur etwa einer Woche fertig ist. Mit drei Pfeffersorten hat sie wirklich Biss, aber dennoch ein ganz ausgewogenes Aroma mit feinen Nuancen, wodurch sie sich deutlich von den minderwertigen, mit Zusatzstoffen überfrachteten Würsten abhebt, die man im Supermarkt bekommt. Schließlich ist sie hausgemacht, und Sie wissen genau, was drin steckt.

Eine gute Rohwurst für Anfänger – wenn Sie mit diesem Rezept erfolgreich waren, können Sie die Würze weiterentwickeln und Ihre ganz eigene Wurst kreieren. Man kann sicher einen Teil des Pfeffers gegen gut getrocknete, fruchtige Chilis austauschen …

Pfefferbeißer

Für 2 kg Grundmasse (ca. 25 Würste)

1.800 g Beinfleisch oder Schulter vom Schwein mit gut 10 % Fettgehalt

200 g Schweinespeck

Gewürze

schnelle Starterkultur (nach Packungsanleitung)

20 g Knoblauch, gequetscht

6 g Paprikapulver, edelsüß

6 g weißer Pfeffer, fein gemahlen

4 g schwarzer Pfeffer, geschrotet

4 g grüner Pfeffer, trocken, geschrotet

2 g Ingwer, gemahlen

2 g Mazis, gemahlen

3 g Rohrzucker

2 g Traubenzucker

48 g Nitratpökelsalz

1. Speck und Fleisch parieren, zerkleinern und auf die richtige Temperatur bringen: Der Speck soll gefroren, das Fleisch nur angefroren sein. Die Teile des Fleischwolfs im Gefrierschrank kühlen.

2. 9 m Lammsaitling 2 Std. lang handwarm wässern. Mehrfach mit Wasser spülen.

3. Die Starterkultur mit sehr wenig Wasser ansetzen und zusammen mit allen Gewürzen außer Salz auf dem Fleisch verteilen.

4. Fleisch und Speck zweimal mit einer groben Lochscheibe wolfen.

5. Alles mit der Hand oder auf niedrigster Stufe maschinell vermengen und das Salz erst zusetzen, wenn Fleisch und Speck gleichmäßig verteilt sind. Bearbeiten Sie den Teig nicht übermäßig, er soll nur binden.

6. Füllen Sie das Brät in den Saitling und drehen Sie ca. 20 cm lange Würste ab: Mit Daumen und Zeigefinger der einen Hand vom Ende her eine Wurstlänge ab-

klemmen und von hier aus mit der anderen Hand eine weitere; die so bemessene Wurst nach vorn drehen. Die nächste Wurstlänge mit den Händen abmessen und fortsetzen wie zuvor.

7. Die Würste für 4–5 Std. im Kühlen aufhängen (am besten bei 12 °C während der Angleichphase).

8. Die Würste für 14–16 Std. in die Wärme hängen, um die Vermehrung der Milchsäurebakterien anzuregen (am besten bei 23 °C und 80–90 % rF).

9. Die Temperatur um ca. 2 °C/Tag und möglichst in 7 Tagen auf 12–14 °C senken. Lassen Sie die Wursthüllen weder zu trocken noch zu feucht werden; warten Sie ein paar Tage, bis Sie evtl. einen leichten, ersten Räuchergang durchführen. Nach einer Woche hat die Wurst ca. 20 % ihres Gewichts verloren, danach bestimmen Sie, welche Konsistenz die Wurst zum Essen haben soll.

Die beste Isterband, die ich je probiert habe, wird von Wiktor Olssons *Slakt & Chark* in Bräkne-Hoby hergestellt, aber meine ist auch nicht schlecht. Dies ist ein Rezept für säuerliche Isterband mit feinem Pimentaroma – falls Sie (anders als ich) Weihnachtsgewürze im Essen lieben, können Sie die angegebene Menge erhöhen. Den Milchsäurebakterien reicht der Zucker aus dem Getreide, mehr braucht also nicht zugesetzt zu werden.

Ich empfehle, gleich eine Portion von 4 kg zuzubereiten, denn die Herstellung ist etwas mühsam. Und falls wider Erwarten Reste übrig sind, nachdem Sie mit frisch geräucherter Wurst bei den Nachbarn waren, frieren Sie sie einfach ein: für künftige Brotzeiten.

EINE EINMALIGE WURST

Isterband oder »Stangenreiter« wird diese luftgetrocknete Grützwurst genannt, die außerhalb Schwedens kaum zu finden ist. Henning Fasth schreibt in seinem *Receptbok för charkuterister* (»Rezeptbuch für Fleischer«): »Für wechselnde Kundengeschmäcker muss sowohl geräucherte wie getrocknete Isterband immer vorrätig sein.« Heute wird Isterband meist leicht geräuchert angeboten.

Isterband

Für 4 kg Grundmasse (ca. 26 Würste)

1.240 g Rindfleisch, gerne Hochrippe
680 g mageres Schweinefleisch
680 g Schweinespeck
1.400 g Gerstengrütze, vorgegart

Gewürze

schnelle Starterkultur
  (nach Packungsanleitung)
100 g Zwiebeln, fein gehackt, in Butter angeschwitzt
12 g weißer Pfeffer, fein gemahlen
3,2 g Piment, fein gemahlen
1,2 g Mazis, gemahlen
80 g Nitratpökelsalz

Beilagen

Pluras eingelegte Rote Bete, Kartoffeln in Dill- oder Petersiliensauce (s. S. 103)

1. Speck und Fleisch parieren, zerkleinern und auf die richtige Temperatur bringen: Der Speck soll gefroren, das Fleisch nur angefroren sein. Die Teile des Fleischwolfs im Gefrierschrank kühlen.

2. 9 m Bratdarm in 40 cm lange Stücke schneiden, handwarm wässern und mehrfach mit Wasser spülen.

3. Für die Grütze Gerstengraupen 30 Min. lang köcheln lassen, evtl. mit etwas Schwarte (oder nach Packungsanleitung). Im Sieb abtropfen und abkühlen lassen. Die angegebene Menge abwiegen und kühlen.

4. Die Starterkultur mit sehr wenig Wasser ansetzen und mit dem Rindfleisch grob wolfen (6-mm-Lochscheibe), danach Speck und Zwiebeln, dann die Grütze und schließlich das Schweinefleisch.

5. Alles per Hand oder maschinell auf niedrigster Stufe vermengen. Die Gewürze zugeben und, wenn Speck und Fleisch gleichmäßig verteilt sind, auch das Salz.

6. Das Brät abfüllen, die Würste beidseitig mit einigen Zentimetern Zugabe durch Knoten schließen, in der Mitte abdrehen und die Enden miteinander verknoten: Jedes Paar bildet einen Ring.

7. Die Ringe auf Stangen hängend trocknen (z. B. zwischen zwei Stuhllehnen): in der Angleichphase kühl (4–5 Std. bei 12 °C), später bei Zimmertemperatur oder wärmer (20–29 °C), um die Milchsäurebildung zu unterstützen. Hing die Wurst früher über dem gusseisernen Holzherd, bietet sich heute vielleicht der Heizungskeller an; die Temperatur muss nicht konstant sein.

8. Nach 24–48 Std. kann die Grützwurst für etwa 2 Std. leicht kaltgeräuchert werden.

9. Die Meinungen über die Zubereitung von Isterband mögen auseinandergehen, ich jedenfalls teile diese Wurst immer in der Mitte und dann der Länge nach, um sie erst auf der Fleisch-, dann auf der Hautseite in der Pfanne zu braten, bis sie sich krümmt und fast zerfällt.

Nachdem mir Jürgen Körber zum ersten Mal seine Landjäger angeboten hatte, wurde mir klar, was für ein Meister er ist. Ich liebe die ausgesuchte Würze dieser luftgetrockneten und gepressten Wurst mit dem feinen Kümmelaroma, obwohl ich sonst kein großer Freund von Kümmel bin. Meiner eigenen Variante der Landjäger habe ich außerdem geriebenen Meerrettich zugefügt und sie »Rönnapinne« genannt – die beste Rohwurst, die mir überhaupt gelungen ist. Bis jetzt.

Landjäger gehören zu der Sorte Wurst, die man in die Tasche steckt, wenn man zum Wandern in den Wald aufbricht: Man beißt einfach mal ein Stück ab, wenn der Magen knurrt. Und kann dann nicht mehr aufhören.

Landjäger

**Für 3 kg Grundmasse
(ca. 24 Würste)**

1.200 g mageres Schweinefleisch
900 g Schweinespeck
900 g mageres Rindfleisch

Gewürze

langsame Starterkultur (nach
    Packungsanleitung)
6 g Senfpulver, z. B. Colman's
3 g schwarzer Pfeffer, gemahlen
3 g Knoblauch, gepresst
2,4 g Korianderkörner, gemahlen
2,4 g Kümmel, grob gestoßen
1,2 g Kümmel, gemahlen
1,8 g Rohrzucker
1,2 g Traubenzucker
72 g Nitratpökelsalz

1. Speck und Fleisch parieren, zerkleinern und auf die richtige Temperatur bringen: Der Speck soll gefroren, das Fleisch nur angefroren sein. Die Teile des Fleischwolfs im Gefrierschrank kühlen.
2. 7 m Bratdarm 2 Std. lang handwarm wässern und mehrfach mit Wasser spülen.
3. Die Starterkultur mit sehr wenig Wasser ansetzen und zusammen mit allen Gewürzen außer Salz auf dem Fleisch verteilen.
4. Das Fleisch und den Speck durch eine feine oder mittelgroße Lochscheibe wolfen.
5. Danach Fleisch, Speck und Salz so miteinander vermengen, dass der Speck gut unter dem Fleisch verteilt ist. Die Mischung anschließend noch einmal wolfen.
6. Den Bratdarm eher locker befüllen. Würste von 20–25 cm Länge abdrehen, dabei

das Brät beim Abklemmen durch Schaffung größerer Zwischenräume verdichten: Der Abstand zwischen den einzelnen Würsten kann durchaus 1–2 cm betragen.
7. Die Wurstkette nicht auseinanderschneiden, sondern im dichten Zickzack zwischen zwei Platten oder Schneidbretter legen, diese mit einem Gewicht beschweren.
8. Die Würste in der Presse für sechs Tage bei +4 °C in den Kühlschrank stellen.
9. Anschließend die Würste hängend bei Zimmertemperatur trocknen lassen.
10. Nach zwei Tagen können die Würste täglich für etwa eine halbe Stunde in den Kaltrauch gehängt werden.
11. Bis zur gewünschten Festigkeit trocknen lassen: Die Würste sollen ein bisschen knacken, wenn man hineinbeißt.

Aus den verschiedenen Regionen Spaniens kommen viele verschiedene Sorten der Chorizo, als Bratwürste ebenso wie als Rohwürste in unterschiedlichen Trocknungs- graden. Charakteristisch für viele dieser Würste ist das geräucherte Paprikapulver mit der geschützten Herkunftsbezeichnung *Pimentón de la Vera*, von dem es drei Varianten gibt. Für dieses Rezept benötigen Sie die liebliche und die scharfe Sorte.

Zwar soll die Chorizo nach diesem Rezept getrocknet werden, man kann aber auf gleicher Grundlage auch Bratwurst machen, und selbst halbgetrocknete Chorizo eig- net sich bereits zum Verzehr. Beim Wursten bleibt ja im Übrigen immer etwas Brät in Füllrohr und Wolf zurück – hier bietet sich der Rest wirklich sehr für kleine Frikadellen oder eine Tortilla an.

Spanische Chorizo

Für 2 kg Grundmasse
(ca. 8 Würste)

2.000 g Nacken oder anderes
   Fleisch vom Schwein
   mit einem Gesamtfettgehalt
   von 25–30 %

Gewürze

langsame Starterkultur (nach
   Packungsanleitung)
40 g geräuchertes Paprikapulver,
   lieblich (Pimentón de la Vera
   dulce)
10 g geräuchertes Paprikapulver,
   scharf (Pimentón de la Vera
   picante)
6 g schwarzer Pfeffer, geschrotet
6 g Knoblauch, gequetscht
4 g Oregano, getrocknet
4 g Traubenzucker
4 g Rohrzucker
50 g Nitratpökelsalz

1. Das Fleisch parieren, zerkleinern und durch Anfrieren auf die richtige Temperatur bringen. Die Teile des Fleischwolfs im Ge- frierschrank kühlen.

2. 4,5 m Bratdarm in 40 cm lange Stücke schneiden und etwa 2 Std. lang handwarm wässern. Mehrfach mit Wasser spülen.

3. Die Starterkultur mit sehr wenig Wasser ansetzen und zusammen mit allen Gewür- zen außer Salz auf dem Fleisch verteilen.

4. Das Fleisch mit einer 6-mm-Lochscheibe wolfen.

5. Das gewolfte Fleisch mit der Hand oder maschinell auf niedrigster Stufe kneten und zum Schluss das Salz zusetzen. Bearbeiten Sie den Teig nicht übermäßig, er soll nur binden.

6. Einen Darmabschnitt auf das Füllrohr ziehen, das Ende mit etwas Zugabe verkno- ten. Den Darm stramm mit der Wurstmasse befüllen und auch am anderen Ende einige

Zentimeter für den Knoten reservieren, mit dem die Wurst geschlossen und dann zum Ring gebunden wird.

7. Die Würste auf eine Stange hängen und so trocknen lassen, wie auf S. 83 generell für Rohwürste beschrieben.

Serviervorschlag

In Chorizo-Kartoffel-Tortilla (s. S. 102)

Ich war noch keine 20, als ich in einem Dorf südlich von Neapel zum ersten Mal eine hausgemachte Salami probiert habe. Meine Freunde und ich verständigten uns ohne ein Wort Italienisch mit einer Clique italienischer Jungs, von denen einer eine Salami hervorholte. Ich verstand, dass seine Mutter sie ganz frisch gemacht hatte. So sehr habe ich Aroma und Konsistenz genossen, dass ich dachte, dies müssen gute Menschen sein.

Sie luden uns in eine Hütte am Berghang zum Essen ein. Spät bemerkte ich die mit Text und einem bekannten Gesicht verzierten Kacheln. Ich erkundigte mich danach, die Antwort lautete: »Das ist der Duce und seine schönen Worte.« Die Liebe zur Wurst hatte uns an jenem Abend an den Herd von Faschisten gelockt. Ich zog mich höflich zurück, so schnell ich konnte.

Salamino bedeutet »kleine Salami« und die ist, wie die Landjäger, perfekt als kleiner Proviant in der Jackentasche geeignet, wenn man durch die Natur streift. Oder als Lockmittel, um jemandem seine politischen Ansichten unterzujubeln …

Salamino

Für 2 kg Grundmasse (ca. 16 Würste)

1.200 g mageres Schweinefleisch
200 g mageres Rindfleisch
600 g Schweinespeck

Gewürze

langsame Starterkultur (nach Packungsanleitung)
6 g schwarzer Pfeffer, geschrotet
4 g Korianderkörner, gemahlen
4 g Kümmel, gemahlen
4 g Paprikapulver, edelsüß
4 g Knoblauch, gepresst
6 g Traubenzucker
56 g Nitratpökelsalz

1. Speck und Fleisch parieren, zerkleinern und auf die richtige Temperatur bringen: Der Speck soll gefroren, das Fleisch nur angefroren sein. Die Teile des Fleischwolfs im Gefrierschrank kühlen.

2. 4,5 m Schweinedarm mit 30–32 mm Durchmesser in 20 cm lange Stücke schneiden. Handwarm wässern und mehrfach spülen.

3. Das Schweinefleisch durch eine 6-mm-Lochscheibe mahlen, Rindfleisch und Speck mit einer feinen Scheibe wolfen.

4. Die in sehr wenig Wasser angerührte Starterkultur und alle Gewürze außer Salz hinzufügen und sorgfältig vermengen. Wenn alle anderen Zutaten gleichmäßig verteilt sind, das Salz zusetzen und mischen, bis die Masse bindet.

5. Einen Darmabschnitt auf das Füllrohr ziehen, das Ende verknoten und stramm mit Wurstmasse befüllen, dann das andere Ende ebenfalls mit einem Knoten schließen.

6. Jeweils an einem Wurstende eine Schnurschlaufe am Knoten befestigen und die Wurst damit an Stangen hängen.

7. Befolgen Sie die allgemeinen Arbeitsschritte zur Trocknung von Rohwurst, insbesondere hinsichtlich Temperatur und Luftfeuchtigkeit (s. S. 83). Diese Wurst soll nach 6–8 Wochen 30 % ihres Gewichts verloren haben.

Serviervorschlag

Als Antipasto neben eingelegten gegrillten Paprika, ligurischen Oliven und Lardo.

Über den Ursprung dieser toskanischen Salami wird erzählt, dass ein Dieb eine Wurst stahl und in einem wilden Fenchelfeld versteckte, wo die Wurst ihren besonderen Geschmack annahm. Natürlich ist das nicht wahr. Was hat es nur mit diesen Legenden auf sich, mit denen wir uns die Herkunft von Lebensmitteln erklären? Es sollte reichen, wieder einmal festzustellen, dass Schweinefleisch und Fenchel einfach eine fantastische Kombination ergeben.

Als ich kürzlich Salami Finocchiona machte, hatte ich das Glück, dass sich auf ihrer Oberfläche ein wilder Schimmel von der gleichen Sorte ausbreitete, wie er auch auf Brie und Camembert zu finden ist. Er duftete herrlich und verlieh der Wurst eine weitere geschmackliche Dimension. Ich kann mir kein besseres Geschenk vorstellen, das man Gastgebern mitbringen könnte, als eine herzhafte Salami wie diese.

Salami Finocchiona

Für 3 kg Grundmasse (ca. 7 Würste)

2.400 g mageres Schweinefleisch
600 g Schweinespeck

Gewürze

langsame Starterkultur (nach Packungsanleitung)
72 g Rotwein
15 g schwarzer Pfeffer, ganz
9 g Fenchelsaat, geschrotet
6 g weißer Pfeffer, gemahlen
6 g Knoblauch, gepresst
6 g Traubenzucker
6 g Rohrzucker
90 g Nitratpökelsalz

1. Fleisch und Speck parieren, zerkleinern und auf die richtige Temperatur bringen: Der Speck soll gefroren, das Fleisch nur angefroren sein. Die Teile des Fleischwolfs im Gefrierschrank kühlen.

2. 3 m Mitteldarm oder Butte vom Rind (Ø 50–55 mm) mindestens 2 Std. lang handwarm wässern. Mehrfach mit Wasser spülen und in Stücke geeigneter Länge schneiden (etwa 30 cm).

3. Fleisch und Speck durch eine 6-mm-Lochscheibe mahlen.

4. Die in sehr wenig Wasser angerührte Starterkultur und alle Gewürze außer Salz sorgfältig unter die Masse mengen. Wenn alle Zutaten gleichmäßig verteilt sind, das Salz zusetzen und mischen, bis die Masse bindet.

5. Einen Darmabschnitt auf das Füllrohr ziehen, das Ende fest verknoten. Den Darm stramm mit Wurstmasse befüllen, dann das andere Ende ebenfalls mit einem festen Knoten schließen. Das Brät weiter verdichten: Wurstgarn an einem Ende hinter dem Knoten befestigen und wie bei einem Braten ein Netz um die Salami knüpfen. Mit einer Schlaufe zum Aufhängen abschließen.

6. Reifen und trocknen nach den allgemeinen Hinweisen für Rohwurst (s. S. 83). Die Salami ist fertig, wenn sie 30–40 % ihres Gewichts verloren hat.

Serviervorschlag

Salami in Kräutermarinade (s. S. 99)

Falls nicht anders angegeben, sind die Rezepte für 4 Personen ausgelegt.

Knoblauchbruschetta

Als Bruschetta wird heute alles Mögliche bezeichnet. Hier ist das Original.

eine große Scheibe gutes, festes Weißbrot
  pro Person
1 Knoblauchzehe
gutes Olivenöl und Salzflocken

1. Brotscheiben auf dem Grill, im Ofen oder in der Pfanne rösten.
2. Knoblauchzehe halbieren und mit der Schnittfläche das Brot einreiben, darüber reichlich gutes Olivenöl träufeln und mit Salzflocken bestreuen.

Tomatensalat

Statt in Scheiben oder Achtel schneide ich Tomaten gerne in unregelmäßige Stücke.

reife Tomaten, gestückelt
Schalotten, fein gewiegt

Dressing

1 Eigelb
1 EL guter Weinessig
1 Prise getrockneter Estragon
Salz und Pfeffer
3 EL Öl

Eigelb, Essig und Gewürze mischen, das Öl nach und nach zugeben.

Mungobohnensalat

Hülsenfrüchte passen gut zur Wurst. Die Mungobohne ist meine jüngste Bekanntschaft.

500 g Mungobohnen, frisch gekocht
½ Karotte in kleinen Würfeln
3 Schalotten, fein gewiegt
Butter zum Anschwitzen
Olivenöl + Saft einer ½ Zitrone
Petersilie, gehackt
Salz und schwarzer Pfeffer

1. Karottenwürfel und Schalotten in etwas Butter anschwitzen, bis sie gerade weich sind.

2. Mit den Bohnen vermengen und mit einem Schuss Olivenöl, Zitronensaft, etwas Petersilie, Salz und schwarzem Pfeffer würzen.

Pilzrisotto

Italienisches Risotto ist weich und sämig, fast wie Porridge.

eine Handvoll getrocknete Pilze
1 ½ Liter Gemüsebrühe
½ Zwiebel, gehackt
400 g Carnarolireis
Butter zum Anschwitzen
150 ml Weißwein
eine Handvoll Parmesan, frisch gerieben
Petersilie, gehackt

1. Die getrockneten Pilze einweichen. Die Brühe erhitzen.

2. Zwiebel und Reis in Butter anschwitzen, bis die Zwiebel glasig ist (der Reis nicht). Mit Wein ablöschen, umrühren und bei schwacher Hitze reduzieren lassen.

3. Pilze abgießen, die Flüssigkeit zum Reis geben, umrühren, reduzieren lassen. Die Pilze in Butter bräunen.

4. Den Reis mit warmer Brühe knappst bedecken, umrühren, reduzieren lassen.

5. Die Hälfte der Pilze unter den Reis geben, diesen immer wieder mit Brühe bedecken und einkochen lassen, bis die Reiskörner nach etwa 20 Min. gar werden. Käse, Petersilie und die restlichen Pilze untermengen. Von der Kochstelle nehmen und mit Deckel 5 Min. ruhen lassen.

In Sauce gegarter Blumenkohl

Neben Kartoffeln eine gute Alternative als Beilage zu den schwedischen Würsten, finde ich.

100 g Butter
40 g Weizenmehl
300 g Sahne
500 ml Milch (3 % Fett)
700 g Blumenkohl in kleinen Röschen
Muskatnuss, gerieben
Salz und Pfeffer
evtl. Parmesan oder anderen leckeren Käse

1. Butter in einer schweren Kasserolle auslassen, das Mehl darin einige Minuten unter Rühren bei mittlerer Hitze anschwitzen.

2. Sahne und Milch mischen, nach und nach in die Mehlschwitze schlagen. Muskatnuss nach Belieben in die Sauce reiben.

3. Blumenkohl hineingeben, aufkochen, dann bei schwacher Hitze köchelnd garen. Garprobe: mit einem Hölzchen anstechen.

4. Mit Salz und Pfeffer abschmecken. Zur Abwechslung kann man am Schluss Parmesan oder einen anderen Käse darüberreiben.

Linseneintopf mit Wurzelgemüse

Je besser die Linsen, umso leckerer der Eintopf. Ich lege inzwischen Wert darauf, mit Beluga- oder Puylinsen zu kochen.

2 Karotten, gewürfelt
2 Pastinaken, gewürfelt
1 Zwiebel, gehackt
1 Knoblauchzehe, fein gewiegt

Olivenöl zum Anschwitzen
2 Tomaten, frisch oder aus der Dose, gehackt
400 g Puy- oder Belugalinsen, gespült
500 ml Brühe oder Wasser
1 Zweig Thymian oder einige Salbeiblätter
Salz und Pfeffer
evtl. Zitronensaft, frisch gepresst
Petersilie, gehackt

1. Karotten, Pastinaken, Zwiebeln und Knoblauch anschwitzen, bis die Zwiebeln weich sind.

2. Tomaten und Linsen hineingeben, mit Brühe oder Wasser aufgießen. Den Thymianzweig oder einige Salbeiblätter zufügen, ggf. mit Salz und Pfeffer abschmecken. Köcheln lassen, bis die Linsen gar sind (ca. 20 Min.).

3. Evtl. mit etwas Zitronensaft abschmecken. Die gehackte Petersilie unterrühren.

Salami in Kräutermarinade

Die etwas andere Art, Salami anzurichten.

8 cm Salami Finocchiona (s. S. 94)
1 Knoblauchzehe, geschält
10 Wacholderbeeren
2 frische Thymianzweige
1 Lorbeerblatt
etwas frischen Rosmarin
Olivenöl

1. Wursthülle abziehen. Wurst in Scheiben zusammen mit Knoblauch, Wacholderbeeren, Thymian, Lorbeerblatt und Rosmarin in ein Schraubglas geben.

2. Alles mit Olivenöl bedecken und das Glas verschließen. Vor dem Servieren eine Woche im Kühlschrank ruhen lassen, dann zu einem Stück Brot reichen.

Brunkans Hot-Dog-Brötchen

Hot-Dog-Brötchen selbst zu backen ist so einfach. Mit dem Rezept von Heléne Johansson (*Bröd från Brunkebergs Bagerie*, 2009).

500 ml Milch (3 % Fett)
75 g Hefe
750 g Weizenmehl
50 g zimmerwarme Butter
15 g Salz

1. Milch, Hefe, Mehl, Butter und Salz mit der Küchenmaschine 10 Min. lang mischen. 30 Min. ruhen lassen.

2. Teig in 24 Stücke teilen und diese zu 12 cm langen Würsten rollen.
3. Auf einem mit Backpapier ausgelegten Blech verteilen, mit einem Tuch bedecken. 1½ Std. gehen lassen.
4. Bei 225 °C 10 Min. im Ofen backen. Die Brötchen lassen sich ausgezeichnet einfrieren.

Senf

Selbst gemachten Senf anbieten zu können macht einfach Spaß.

1 EL gelbe Senfkörner
1 EL braune Senfkörner
2 EL kaltes Wasser
½ TL Salz
2 TL Weinessig

1. Gelbe Senfkörner fein mahlen, braune nach Belieben gröber schroten.
2. Gemahlene Körner mit Wasser und Salz mischen, Essig zusetzen. Wenigstens über Nacht durchziehen lassen.

• Für einen süßeren Senf: 1–2 TL Zucker oder Honig zusetzen.
• Für einen milderen Senf: Anteil gelber Senfkörner erhöhen.
• Für einen kräftigeren Senf: Anteil brauner Senfkörner erhöhen.
• Für einen eleganteren Senf: exklusiven Weinessig verwenden.

Wurzelgemüse

Petersilienwurzel und Knollensellerie
bereichern diese Gemüsepfanne.

3 Karotten, gewürfelt
3 Pastinaken, gewürfelt
3 Kartoffeln, gewürfelt
1 Zwiebel, gehackt
1 Knoblauchzehe, fein gewiegt
Butter zum Anschwitzen
1 Zweig Thymian
Salz und Pfeffer

Gemüse mit Kräutern und Gewürzen in
reichlich Butter anschwitzen, bis sie
Farbe annehmen und weich werden.

Geschwenkte Apfelspalten

Nicht nur gut zu Blutwurstgerichten:
Diese Beilage passt zu jeder fetten Mahl-
zeit mit Schwein, Gans oder Ente.

1 fester, säuerlicher Apfel pro Person
Butter zum Schwenken
schwarzer Pfeffer

1. Äpfel in Spalten schneiden und ent-
kernen, nicht schälen.
2. In reichlich Butter bei mittlerer Hitze
in der Pfanne weich bräunen.
3. Mit ein paar Drehungen der Pfeffer-
mühle würzen.

Belugalinsen
mit Rettichnest

Die Säure der Zitrone kontrastiert gut mit
den nussigen Linsen.

500 g Belugalinsen, frisch gekocht
1 EL Olivenöl
Schale und Saft einer ½ Bio-Zitrone
Salz und Pfeffer
1 Rettich, geschält und fein geraffelt

1. Linsen, Öl und geriebene Zitronenschale mischen, salzen und pfeffern.
2. Rettich mit Zitronensaft beträufeln
und dekorativ anrichten.

Sauerkraut

Für gutes Sauerkraut muss man kein eigenes herstellen; so bereite ich in der Regel fertiges zu.

400 g Sauerkraut
150 g geräuchertes Bauchfleisch oder Pancetta, in Streifen
Butter zum Braten
100 ml barriquefreier Weißwein oder Hühnerbrühe
½ Lorbeerblatt
evtl. Thymian, Kümmel oder ein paar Wacholderbeeren
Salz und Pfeffer

1. Schweinebauchstreifen in etwas Butter auslassen und bräunen.
2. Sauerkraut abgetropft daraufgeben, Wein (oder Brühe) darübergießen.
3. Nach Geschmack Lorbeerblatt, Thymian, Kümmel oder Wacholderbeeren hinzufügen. Das Ganze 20–30 Min. mit Deckel köcheln lassen.
4. Mit Salz und Pfeffer abschmecken.

Chorizo-Kartoffel-Tortilla

Köstlich zum Frühstück. Zu Mittag. Als Tapa.

200 g Chorizo-Brät oder -Wurst in Stücken
Olivenöl zum Braten
4 Schalotten in Scheiben
3 Kartoffeln, gekocht, in Würfeln
5–6 Eier
50 ml Milch (3 % Fett)
Salz und Pfeffer

1. Den Ofen auf 150 °C vorheizen.
2. Wurstbrät oder -stücke mit Olivenöl in einer gusseisernen Pfanne anbraten. Schalotten und Kartoffeln hinzugeben, eine Weile mitbraten lassen.
3. Eier mit Milch, Salz und Pfeffer aufschlagen. In die Pfanne gießen.
4. Pfanne in den Ofen stellen, die Tortilla 15–20 Min. im Ofen garen.

Couscoussalat

Normaler Couscous schmeckt am besten, kostet aber etwas Zeit. Wochentags ist Instant-Couscous auch in Ordnung.

400 g Couscous
1 Zucchini in Scheiben
1 rote Zwiebel, gehackt
2 El Olivenöl
2 gegrillte Paprika in Stücken (s. u.)
Salz und Pfeffer

1. Couscous nach Packungsanleitung zubereiten.
2. Zucchini und Zwiebel in Olivenöl bissfest anschwitzen, mit dem handwarmen Couscous und der Paprika vermengen.
3. Mit Salz und Pfeffer abschmecken.

Gegrillte Paprika

Paprika röstet man auch gut über offener Flamme!

2 rote Paprikaschoten

1. Beide Paprikaschoten vierteln und die Kerne entfernen.
2. Die Viertel auf einem Blech auf der obersten Schiene im Ofen grillen, bis die Schale schwarz wird.
3. Aus dem Ofen nehmen und zugedeckt abkühlen lassen, bis man die Haut mit den Fingern abziehen kann.

Harissa-Sauce

Gelegentlich strecke ich diese Sauce mit Wasser oder Jus.

4 EL Harissa
4 EL Wasser oder Jus
2 EL Olivenöl
1–2 EL Zitronensaft, frisch gepresst

1. Harissa, Wasser (oder Jus) und Olivenöl in einer Kasserolle mischen.
2. Aufkochen, vom Herd nehmen und den Zitronensaft zufügen.

Pluras eingelegte Rote Bete

Dieses Rezept stammt aus *Pluras* (Jonssons) *Kokbok.*

1 kg Rote Bete
500 ml Wasser
150 ml Branntweinessig (12 %)
140 g Streuzucker
10 Nelken
eine Scheibe Meerrettich, geschält

1. Rüben kochen, noch warm schälen und in ein großes Glasgefäß legen.
2. Sud aus Wasser, Essig und Zucker kochen und über die Roten Bete gießen. Nelken und Meerrettich zugeben.
3. Abkühlen lassen und vor dem Verzehr abgedeckt im Kühlschrank ca. 24 Std. ruhen lassen.

Kartoffeln in Dill- oder Petersiliensauce

Natürlich kann man für diese Sauce auch andere Kräuter verwenden, die gut zu Wurst schmecken – wie Schnittlauch, Kerbel oder Thymian.

800 g festkochende Kartoffeln
120 g Butter
2 EL Weizenmehl
400 ml Milch (3 % Fett)
Muskatnuss
Salz und schwarzer Pfeffer
50 g Dill (oder Petersilie), fein gewiegt

1. Kartoffeln kochen und pellen, nach dem Abkühlen grob würfeln.

2. Butter in einer schweren Kasserolle auslassen, Mehl mit dem Schneebesen einrühren, ca. 1 Min. bei mittlerer Hitze anschwitzen. Nach und nach Milch darunterschlagen, 5 Min. schwach köcheln lassen.
3. Mit fein geriebenem Muskat, Salz und Pfeffer abschmecken.
4. Die Kartoffeln unterheben und durchwärmen lassen, dann die Kräuter zugeben.

Joël Robuchons Kartoffelpüree

In ein richtig gutes Kartoffelpüree gehört richtig viel Butter!

500 g hochwertige Kartoffeln
    (z. B. frz. La Ratte)
250 g Butter
150 ml Milch (3 % Fett)
Salz und weißer Pfeffer

1. Kartoffeln in kaltes Wasser legen, aufkochen und fortkochen, bis sie gar sind.
2. Butter in Würfel schneiden, unterdessen die Milch erhitzen.
3. Kartoffeln pellen und noch warm durch eine Presse geben (oder – ungepellt – durch eine Passiermühle mit feinem Siebboden).
4. Kartoffelmus in einer Kasserolle unter Rühren bei schwacher Hitze abdampfen lassen.
5. Erst die Butter stückweise unter Rühren zufügen, anschließend unter kräftigem Rühren nach und nach die heiße Milch, bis die gewünschte Konsistenz erreicht ist.
6. Mit Salz und weißem Pfeffer abschmecken.

Referenzrezepte

Wer mit den Abläufen bei der Herstellung der verschiedenen Wurstarten vertraut ist, sucht keine genauen Instruktionen mehr, sondern Angaben über die Mengenverhältnisse der verschiedenen Zutaten und die Menge der Gewürze pro Kilo Grundmasse. Deshalb finden Sie hier für jede im Buch vorgestellte Wurst ein Referenzrezept in der Art, wie man sie auch in Fleischereien verwendet.

Banger Bratwurst (S. 48)

Zutat	Anteil	in 1 kg Grundmasse	Gewürze auf 1 kg Grundmasse	
Schweinefleisch, mager	50 %	500 g	Salz	3 g
Schweinespeck	30 %	300 g	weißer Pfeffer, gemahlen	1,5 g
Semmelbrösel	10 %	100 g	Mazis, gemahlen	0,5 g
Hühnerbrühe, kalt	10 %	100 g	Ingwer, gemahlen	0,5 g
			Salbei, trocken, gerebelt	0,4 g
			Muskatnuss, gemahlen	0,15 g

Boudin Noir Brühwurst (S. 68)

Zutat	Anteil	in 1 kg Grundmasse	Gewürze auf 1 kg Grundmasse	
Schweineblut	28 %	280 g	Branntwein (Calvados o. Ä.)	17 g
Schweinespeck			Meersalz	12,6 g
in kl. Würfeln, gekocht	25 %	250 g	weißer Pfeffer, gemahlen	1,7 g
Zwiebeln, fein gehackt,			Kerbel, getrocknet	1,7 g
angeschwitzt	25 %	250 g	Schnittlauch, fein gewiegt, frisch oder gefroren	1,7 g
Äpfel, säuerlich, fest,			Quatre Épices (s. S. 70)	1,1 g
in kl. Würfeln angeschwitzt,				
in Alkohol gegart	9 %	90 g		
Sahne	7 %	70 g		
Eier	4 %	40 g		
Butter zum Anschwitzen	2 %	20 g		

Elchwurst Bratwurst (S. 53)

Zutat	Anteil	in 1 kg Grundmasse	Gewürze auf 1 kg Grundmasse	
Elchfleisch, z. B. aus			Meersalz	17 g
der Kugel	60 %	600 g	frz. Wildgewürzmischung (s. S. 53)	10 g
Schweinespeck	30 %	300 g		
kaltes Wasser	10 %	100 g (100 ml)		

Falukorv Brühwurst, geräuchert (S. 60)

Zutat	Anteil	in 1 kg Grundmasse	Gewürze auf 1 kg Grundmasse	
Rindfleisch, nicht zu mager,			Meersalz	22 g
gerne Hochrippe	45 %	450 g	Zwiebel, gehackt, angeschwitzt	12,5 g
Schweinefleisch, mager	15 %	150 g	weißer Pfeffer, fein gemahlen	4 g
Schweinespeck	15 %	150 g	Senfpulver, z. B. Colman's	2 g
Eisschnee	25 %	250 g	Ingwer, gemahlen	2 g

Frankfurter / Wiener Würstchen Brühwurst, geräuchert (S. 63)

Zutat	Anteil	in 1 kg Grundmasse	Gewürze auf 1 kg Grundmasse	
Kalb- oder Rindfleisch	60 %	600 g	Meersalz	20 g
Schweinefleisch, mager	10 %	100 g	weißer Pfeffer, gemahlen	3 g
Schweinespeck	10 %	100 g	Ingwer, gemahlen	0,8 g
Eisschnee	20 %	200 g	Muskatnuss, gemahlen	0,8 g
			Kardamom, gemahlen	0,3 g

Fenchel-Salsiccia Bratwurst (S. 43)

Zutat	Anteil	in 1 kg	Gewürze auf 1 kg Grundmasse	
Schweinefleisch, mager	75 %	750 g	Meersalz	17 g
Schweinespeck	25 %	250 g	Wasser oder barriquefreier Weißwein	50 g
			schwarzer Pfeffer, geschrotet	3 g
			Fenchelsaat, gestoßen	2 g

Isterband Rohwurst, geräuchert (S. 87)

Zutat	Anteil	in 1 kg Grundmasse	Gewürze auf 1 kg Grundmasse	
Rindfleisch,			Starterkultur (schnell)	nach Anltg.
gerne Hochrippe	31 %	310 g	Zwiebel, fein gehackt, angeschwitzt	25 g
Schweinefleisch, mager	17 %	170 g	weißer Pfeffer, fein gemahlen	3 g
Schweinespeck	17 %	170 g	Piment, fein gemahlen	0,8 g
Gerstengrütze, vorgegart	35 %	350 g	Mazis, gemahlen	0,3 g
			Nitratpökelsalz	20 g

Kalbswurst mit Trüffeln und Pistazien Brühwurst (S. 67)

Zutat	Anteil	in 1 kg Grundmasse	Gewürze auf 1 kg Grundmasse	
Kalbfleisch, mager			Pistazien, ganz, geschält	25 g
(Oberschale)	42 %	420 g	Trüffel, frisch gehackt	20–25 g
Schweinespeck	33 %	330 g	Meersalz	17 g
Eisschnee	25 %	250 g	Trüffelöl	evtl. einige Tropfen

Landjäger Rohwurst, geräuchert (S. 88)

Zutat	Anteil	in 1 kg Grundmasse	Gewürze auf 1 kg Grundmasse	
Schweinefleisch, mager	40 %	400 g	Starterkultur (langsam)	nach Anltg.
Schweinespeck	30 %	300 g	Senfpulver, z. B. Colman's	2 g
Rindfleisch, mager	30 %	300 g	schwarzer Pfeffer, gemahlen	1 g
			Knoblauch, gepresst	1 g
			Korianderkörner, gemahlen	0,8 g
			Kümmel, grob gestoßen	0,8 g
			Kümmel, gemahlen	0,4 g
			Rohrzucker	0,6 g
			Traubenzucker	0,4 g
			Nitratpökelsalz	24 g

Merguez Bratwurst (S. 44)

Zutat	Anteil	in 1 kg Grundmasse	Gewürze auf 1 kg Grundmasse	
Lammfleisch, nicht zu mager	60 %	600 g	Meersalz	16 g
			Olivenöl	18 g (25 ml)
Rindfleisch, gerne Hochrippe	40 %	400 g	schwarzer Pfeffer, gemahlen	3 g
			Fenchelsaat, gemahlen	1,5 g
			Knoblauch, gequetscht	10 g
			Harissa	12 g

Pfefferbeisser Rohwurst (S. 84)

Zutat	Anteil	in 1 kg Grundmasse	Gewürze auf 1 kg Grundmasse	
Schulter- oder Beinfleisch vom Schwein	90 %	900 g	Starterkultur (schnell)	nach Anltg.
			Knoblauch, gequetscht	10 g
Schweinespeck	10 %	100 g	weißer Pfeffer, fein gemahlen	3 g
			schwarzer Pfeffer, geschrotet	2 g
			grüner Pfeffer, trocken, geschrotet	2 g
			Paprikapulver, edelsüß	3 g
			Ingwer, gemahlen	1 g
			Mazis, gemahlen	1 g
			Rohrzucker	1,5 g
			Traubenzucker	1 g
			Nitratpökelsalz	24 g

Rostbratwürste Nürnberger Art Bratwurst (S. 47)

Zutat	Anteil	in 1 kg Grundmasse	Gewürze auf 1 kg Grundmasse	
Schweinefleisch, gerne			Meersalz	18 g
Schulter- oder Beinfleisch	70 %	700 g	Milch (3 % Fett)	50 g
Schweinebacke			schwarzer Pfeffer, gemahlen	3 g
oder -bauch	30 %	300 g	Majoran, gerebelt	1,2 g
			Piment, gemahlen	0,6 g
			Muskatnuss, gemahlen	0,4 g
			Mazis, gemahlen	0,3 g

Salami Finocchiona Rohwurst (S. 94)

Zutat	Anteil	in 1 kg Grundmasse	Gewürze auf 1 kg Grundmasse	
Schweinefleisch, mager	80 %	800 g	Starterkultur (langsam)	nach Anltg.
Schweinespeck	20 %	200 g	Rotwein	24 g
			schwarzer Pfeffer, ganz	5 g
			Fenchelsaat, geschrotet	3 g
			weißer Pfeffer, gemahlen	2 g
			Knoblauch, gepresst	2 g
			Traubenzucker	2 g
			Rohrzucker	2 g
			Nitratpökelsalz	30 g

Salamino Rohwurst (S. 93)

Zutat	Anteil	in 1 kg Grundmasse	Gewürze auf 1 kg Grundmasse	
Schweinefleisch, mager	60 %	600 g	Starterkultur (langsam)	nach Anltg.
Rindfleisch, mager	10 %	100 g	schwarzer Pfeffer, geschrotet	3 g
Schweinespeck	30 %	300 g	Korianderkörner, gemahlen	2 g
			Kümmel, gemahlen	2 g
			Paprikapulver, edelsüß	2 g
			Knoblauch, gepresst	2 g
			Traubenzucker	3 g
			Nitratpökelsalz	28 g

Salbei-Salsiccia Bratwurst (S. 43)

Zutat	Anteil	in 1 kg Grundmasse	Gewürze auf 1 kg Grundmasse	
Schweinefleisch, mager	75 %	750 g	Meersalz	16 g
Schweinespeck	25 %	250 g	Wasser oder barriquefreier Weißwein	100 g
			schwarzer Pfeffer, grob gestoßen	3 g
			Knoblauch, gequetscht	1,5 g
			Salbei, frisch, fein gewiegt	1,5 g

Spanische Chorizo Rohwurst (S. 90)

Zutat	Anteil	in 1 kg Grundmasse	Gewürze auf 1 kg Grundmasse	
Schweinefleisch mit			Starterkultur (langsam)	nach Anltg.
25–30 % Fettgehalt,			Paprikapulver, geräuchert (Pimentón de la Vera), lieblich	20 g
z. B. Nacken	100 %	1.000 g	Paprikapulver, geräuchert (Pimentón de la Vera), scharf	5 g
			schwarzer Pfeffer, geschrotet	3 g
			Knoblauch, gequetscht	3 g
			Oregano, getrocknet	2 g
			Traubenzucker	2 g
			Rohrzucker	2 g
			Nitratpökelsalz	25 g

Wildschweinwurst Bratwurst (S. 50)

Zutat	Anteil	in 1 kg Grundmasse	Gewürze auf 1 kg Grundmasse	
Wildschweinfleisch	70 %	700 g	Meersalz	18 g
Schweinespeck	30 %	300 g	Milch (3 % Fett)	50 g
			Parasol/Trompetenpfifferlinge, trocken, gemahlen	10 g
			schwarzer Pfeffer, gemahlen	3 g
			Rosmarin, frisch, fein gewiegt	0,7 g

Weißwurst Brühwurst (S. 64)

Zutat	Anteil	in 1 kg Grundmasse	Gewürze auf 1 kg Grundmasse	
Kalbfleisch	42,5 %	425 g	Meersalz	19,5 g
Schweinespeck	32,5 %	325 g	glatte Petersilie, fein gewiegt	10 g
Eisschnee	25 %	250 g	weißer Pfeffer, gemahlen	2,9 g
			Senfpulver, z. B. Colman's	2,9 g
			geriebene Zitronenschale (Bio)	1,2 g
			Mazis, gemahlen	1 g

Bezugsquellen

https://hausschlachtebedarf.de
Onlineshop für Hausschlachter und Hobbymetzger mit umfangreichem Angebot an Naturdärmen und Zubehör, auch Starterkulturen.

www.fleischereibedarf-online.de
Große Auswahl an Geräten wie Fleischwölfen und Wurstabfüllern sowie an Därmen, Gewürzen und Zubehör.

www.wiedemann-augsburg.de/
Komplettes Angebot an Fleischereibedarf. Vielzahl an Därmen, Gewürze und Kräuter in Großgebinden. Abholung am Unternehmenssitz in Augsburg oder Versand.

http://stores.ebay.de/MVST-R
Därme, Gewürze und zahlreiches Zubehör sowie Geräte wie Wurstfüller etc.

www1.westfalia.de/shops/agrishop/lebensmittelverarbeitung/?n=1
Diverse Fleischwölfe, große Auswahl an Räucherschränken, auch Wurstfüllmaschinen etc.

http://metzgereibedarf-gebhard.tradoria-shop.de
Fleischwölfe, Gewürze und allerlei Zubehör und Geräte.

www.metzgereibedarf-bergmann.de
Ladengeschäft in Regensburg mit großem Sortiment an Därmen, Gewürzen und Zubehör.

www.fleischerbedarf.eu
Fleischwölfe, passende Wurstfüllrohre, diverse Messer zur Fleischbearbeitung etc.

Verwendete Literatur

Fasth, H. (1936). *Receptbok för charkuterister.* Tryckeri Balder.

Frisk, C. (1940). *Handbok för charkuterister.* AB Nordiska Bokförlaget Erdheim & C:o.

Grazia, L. & Zambonelli, C. (2007). *Salumi fai da te – La lavorazione amatoriale della carni.* Edagricole – Edizioni Agricole de Il Sole 24 ORE Editoria specializzata S.r.l.

Hagdahl, C. E. (1896). *Kok-konsten som vetenskap och konst.* P. A. Norstedt & Söners förlag.

Hjarlmarsson, S., Berg, S. & Zackrison, S. (2001). *Späckats Charkhandbok.* Institutet för Livsmedel och Bioteknik – SIK.

Johansson, H. (2009). *Bröd från Brunkebergs Bageri.* Bonnier Fakta.

Jonsson, Plura (2009). *Pluras kokbok – Provence – Kungsholmen – Koster.* Norstedts.

Koch, H. & Fuchs, M. (2009). *Die Fabrikation feiner Fleisch- und Wurstwaren.* Deutscher Fachverlag.

Marianski, S. &A. (2009). *The Art of Making Fermented Sausages.* Bookmagic, LLC.

McGee, H. (2004). *On Food and Cooking. The Science and Lore of the Kitchen.* Scribner.

Ruhlman, M. & Polcyn, B. (2005). *Charcuterie. The Craft of Salting, Smoking, and Curing.* W. W. Norton & Company.

Weintz, M. (1871). *Den fullständiga korfboken eller tillförlitliga anvisningar att tillwerka alla sorters korf och medwurst, efter tysk, fransk och swensk metod jemte recept öfver den hittills hemlighållna tillagningen af Den tyska ärtkorfwen.* F. C. Askerbergs förlag.

Dank

Dieses Buch hätte es nie gegeben ohne die Geduld und Unterstützung meiner Frau Li, die sich nicht nur um die Ästhetik des Buches verdient gemacht hat, sondern auch um große Teile der Kehrseite des Wurstens (den Abwasch).

Es wäre kein lesenswertes Buch geworden, wenn *Eldrimner,* das Nationale Zentrum für Lebensmittelhandwerk, keine Kurse geben würde und der Metzgermeister Jürgen Körber als Gastdozent uns nicht so großzügig an seinen Fachkenntnissen hätte teilhaben lassen. Dank an alle, die für *Eldrimner* arbeiten und mich ermuntert haben, meine Träume in die Wirklichkeit umzusetzen: Es ist möglich!

Sören Lundgren begleitete aufmerksam meine ersten praktischen Versuche am Wurstfüller in der Hoffleischerei Fågelberget, Markus Femling zeigte von Anfang an Vertrauen in meine Wurstideen, und Sören Zackrison war mir Inspiration und Unterstützung durch seinen Enthusiasmus und seine langjährige Erfahrung in der Fleischerei.

Karin Bojs und Tomas Larsson überließen mir großzügig ihr Heim und ihren Bootssteg, damit ich einen Sommer lang in Frieden Rezepte ausprobieren und schreiben konnte, und dank der Aufmerksamkeit meines Freundes Rolf Brattström konnte der eine oder andere fachliche Lapsus in meinem Text korrigiert werden.

Stig Eriksson, Camilla und Sam Ericsson sowie Lollo Alling haben mich alles gelehrt, was ich über die Freilandhaltung von Schweinen weiß. Außer meinen eigenen Schweinen Vera und Marzena posieren Sams und Camillas Linderrödschweine und Helsingeschafe auf den Fotos.

Patrik, Andreas, Gitto, Bendel, Daniel, Jessika, Lisa, Louise, Görel, Anna, Ilva, Annette und all die anderen Blogger haben mich in meinen Ansichten, in meinem Kochen und Schreiben herausgefordert und bestärkt. Sie waren eine große Stütze.

Dieses Buch ist aber vor allem das Produkt der Zusammenarbeit zwischen mir, dem Fotografen Stefan, der Redakteurin Anna, dem Gestalter John und der Verlegerin Kerstin. Danke, Freunde.

Dank auch an Hugh Fearnley-Whittingstall, der den Traum vom Leben auf dem Lande wachrief, und an unsere neuen Nachbarn, die uns, als wir den Umzug wagten, so herzlich willkommen hießen.

Dank meinen Eltern, die mein Interesse für gutes Essen weckten.

Sachregister

Rezeptregister